真希望你不是这样的父母
孩子们写给家长的教养课

[荷兰] 斯汀娜·彦森　[荷兰] 弗朗克·梅斯特 著　[荷兰] 雨果·范娄克 绘

李静 译

北京日报出版社

一个教育家并不需要透露他所有的教育技巧

蔡朝阳

作家、教育者

《真希望你不是这样的父母》真是一本有趣的书,像幽默大师,又像是孩子的朋友。尤其是,即便你并非哲学和儿童心理学出身,也能从中得到智力上的愉悦。我花了一天的时间读完,后来又翻看了好几次,每次都有新的启发。很小一本书,却有常读常新的味道,隽永迷人。

首先值得一提的,当然是这本书的儿童视角。

市面上的家庭教育类读物,往往以一种居高临下的视角,指导家长该如何教育孩子,或指导孩子该如何学习。仅仅书名里就包含着一种成年人的自以为是,比如"给孩子……""让孩子……"之类。我有一个疑问,为什么一旦成为成年人,就一定有权力"教育"孩子呢?就因为你块头大?正如我在一篇文章中写的:少点"教育",多点陪伴;少点自以为是,多点对"孩子的宇宙"的敬畏。越了解孩子的宇宙,我们越会谦卑。正如苏格拉底所言:承认自己的无知是智慧的开端。

本书的妙处在于,它没有成年人居高临下的自负,而是让孩子来提问题。那些困扰孩子的问题,在成年人看来可能没什么大不了的,但对他们来说可能恰恰是一大难关。这么一提出,就像一个幽暗的角落被照亮了,给为人父母者以警醒。

所以,本书的副标题叫作"孩子们写给家长的教养课"。

第二个特点,这本书引入了他者的视角,让人有豁然开朗之感。

就同一个问题,作者去征询了同龄孩子们的意见。孩子们的吐槽,真的特别有想法,对我们这些做父母的人来说也是一种提醒。

以第五种类型——"'玩手机玩得太多'的父母"为例,孩子们是这么抱怨的:

"你和爸爸一起出去玩,他却全程只盯着手机,据他说这是在寻找路线。"

"你在学校得了高分,回到家妈妈心不在焉地说了句:'真棒。'但你看得出来,她根本就没有在听你说什么,因为她一直都在发短信,据她说这是在工作。"

"你的爸爸妈妈虽然经常在家,但实际上他们神不守舍,因为他们的心思都跑到别的地方去了。"

......

有一个词叫"有效陪伴"。如果我们和孩子在一起,但注意力却不在孩子身上。这种并非"有效陪伴",甚至可以说不如不陪伴。因为,当我们被手机吸引时,孩子会有强烈的被无视的感觉。

其实,我自己也曾经被孩子吐槽:"什么你最爱我,你明明最爱手机。"经孩子这么一说,我立刻意识到了问题。于是,以后家里"约法三章",其中之一就是"吃饭的时候所有人都不能看手机"。自从这条家规被确立以来,我们一家三口严格遵守,再也没有违反过。

在这本书里,孩子们不仅会吐槽,还懂得共情,并能提出有效的解决办法,就连我这个教育工作者也不得不佩服。

例如,8岁的卡琳说:"我爸爸还没等吃早餐,就已经把手机抓在手里了。他连上厕所都要带上手机呢!有一次,我把他的手机藏起来,然后他就完全慌了神。你可以通过一个'教育性问答'的游戏来帮助他找回手机。比如问他,'作为父母,你应该要树立一个好榜样,是还是否?'如果他的回答为'是',你就给出一条关于手机藏匿地点的线索。"

第三个特点,就是其专业的学术视野,从哲学和儿童心理学的角度切入,令人信服。

本书的两位作者都有哲学专业的背景,所以他们在指出现象之后,还给出了一些恰如其分的建议,从而让这本书具备了相当的思考深度。

例如,关于父母玩手机这个困扰,作者提出了一个叫作"绝对命令"的哲学概念。什么叫"绝对命令"?作者说:在你的行动最大限度可以成为一个普遍规则的基础上,去采取行动。

如果你不确定自己做的事情到底对不对,那么你就问自己这样一个问题:我希不希望它成为一个普遍规则呢?我可以偷糖吃吗?不就这么一次嘛,有什么关系呢?不,偷糖是不可以的,因为如果你把它当作一条普遍规则的话,那么每个人就都可以去偷一次糖,继而店主的生计也就没有着落了。

同样地,家长们也应该问问自己可不可以整天都玩手机。不可以的,因为如果他们把这个变成一条普遍规则的话,那么每个人就都可以整天玩手机了——包括他们的同事、孩子及其学校里的老师。

　　这么一来，读者不但明白了该怎么做，还知道了这么做背后的原理。非但知其然，还知其所以然，就像是百尺竿头更进一步，也是对自我的有力提升。

　　在读本书时，我做了很多笔记，大多都关于每一章最后的哲学原理部分。除了上述"绝对命令"外，还有"逻辑三段论""苏格拉底式对谈"等。在我看来，这不是一本简单的书，而是一本给孩子和非专业人士的哲学启蒙书。

　　这本小书共 20 篇，每篇都涉及一种孩子们吐槽的父母类型，虽然篇幅不大，意蕴却很丰富。就像作者自己引用的一句名言：一个教育家并不需要透露他所有的教育技巧。而这些没有透露的，需要我们通过自己专心的阅读去一一发现。

目录

引言

是时候帮助你的爸爸妈妈了 /1

测试

我的爸爸妈妈还有救吗？ /4

1. "什么事情都问孩子"的父母 /9

    父母心理画像：缺乏主见，放弃养育主导权

2. "我家孩子真了不起"的父母 /13

    父母心理画像：按照自己的预设，书写孩子的人生

3. "男（女）孩子就要有个男（女）孩子的样"的父母 /17

    父母心理画像：偏见、保守

4. "两副面孔"的父母 /23

    父母心理画像：冷漠，忽视孩子的情感需求

5. "玩手机玩得太多"的父母 /29

    父母心理画像：空虚，缺乏目标感

6. "过分操心"的父母 /33

　　父母心理画像：害怕、担忧，缺乏安全感

7. "不容置疑"的父母 /37

　　父母心理画像：强势，代替孩子做决定

8. "睡觉太晚"的父母 /45

　　父母心理画像：双标，不善于权衡行为的后果

9. "刻意装嫩"的父母 /49

　　父母心理画像：年龄焦虑——不愿承认正在老去

10. "不停说脏话"的父母 /55

　　父母心理画像：路怒症，不正确的期望

11. "争吵不休"的父母 /59

　　父母心理画像：压力综合征

12. "不懂享受"的父母 /65

　　父母心理画像：快乐有罪，人生无常

13. "工作狂"式的父母 /69

　　父母心理画像：完美主义，追求卓越

14. "过犹不及"的父母 /73

　　父母心理画像：纵欲主义，不懂节制

15. "长不大"的父母 /77

父母心理画像：补偿心理，想在孩子身上补回自己的童年

16. "老好人"式的父母 /83

父母心理画像：和事佬，毫无原则

17. "乱糟糟"的父母 /89

父母心理画像：灵魂丰盈，却疏于柴米油盐

18. "太过热心"的父母 /95

父母心理画像：热情满满，却总是做不对

19. "如胶似漆"的父母 /101

父母心理画像：爱意满满，只是忽视了边界

20. "什么都做对了"的父母 /107

父母心理画像：满足所有人，唯独忘了自己

*引言

是时候帮助你的爸爸妈妈了

你好呀!

你的爸爸妈妈都好吗?如果你的回答是他们挺好的,你和他们之间也从来没有出过什么问题,那样的话,你就不需要这本书了(不过读一读还是很有意思的)。你的爸爸妈妈是不是还挺乱糟糟的?他们爱喝酒吗?他们是不是经常争吵?他们是不是让你必须早点睡觉,而自己却睡得很晚?或者不许你玩手机,自己却整天抱着手机不放?在穿着打扮方面,你的爸爸妈妈是不是一点品位也没有呢?

如果答案为"是",那么在如何做父母这件事上,你的爸爸妈妈缺乏正确的"教导"。这是个大问题,如果由着它这样下去的话,情况会变得越来越糟。后果会一发不可收拾,不单是你自己,还有你将来的孩子,以及你的孩子的孩子,都得要面对和承受它!如果现在对这一切置之不理,日后它将变得非常难以控制。因此,是时候帮助你的爸爸妈妈了。事实上,你必须给父母上教养课了。

在这方面,我们,斯汀娜和弗朗克,
可谓是一清二楚。我们俩也都有孩子——
可不是我们俩共同的孩子哦——
孩子们常常抱怨我们的养育方式。

斯汀娜的养育报告

一个8岁的女儿
名字：维多利亚

妈妈的得分：4分。"我妈妈整天都抱着手机做些超级没意义的事情。我觉得最糟糕的是她玩Instagram（一种社交媒体。以一种快速和有趣的方式分享人们随时抓拍的照片）。真是太幼稚了。她还把我的照片也放上去，就仿佛她只靠着别人的赞美就能活下去似的。顺便说一句，我爸爸也有问题。他要勤洗澡才行，有时他身上都有味道了。"

弗朗克的养育报告

两个儿子，分别是20岁和22岁
名字：弥达斯和席勒斯

爸爸的得分：3分。"我们的爸爸虚荣得不得了。他的衣柜里有20多套西装，还有25双鞋。他觉得自己仪表不凡，但这真的让人尴尬。此外，他对所有问题都采取回避的态度。所以，他从来就没有好好地解决过任何问题。"

想一想你的爸爸妈妈：他们是不是常常在玩手机呢？他们会把房子收拾得很整洁吗？他们是太严格了，还是不够严格？你会为他们的教养方式打多少分呢？

我们互相安慰，说做父母做得这么糟糕的并非只有我们两个人。我们之所以会发现这个问题，是因为我们收到了很多孩子发来的电子邮件。几年前，我们写了一本关于养育哲学的书[1]。那本书本来是以父母为目标读者的，但我们收到的主要是孩子提出的关于父母存在的各种问题。我们决定将这些邮件，以及我们的回答，还有我们询问其他孩子他们会如何解决教育问题时的回答，都收录在这本书里。为了孩子提出的这些问题，我们尽了最大的努力去寻找好的解决办法；但大家提出的问题都非常难，而且说实话，我们也不是什么都懂，我们自己也是被"教导"的对象。我们两人都是哲学家，擅长从多角度分析问题。即便是简单的问题，我们也能够进行多维度探讨。如果你从这本书里没有学到一点关于"教导父母"的知识的话，没准儿——谁知道呢——你会意外地获得一些关于哲学的知识呢。

也许你已经想出了比我们更好的解决方案，我们愿闻其详。你可以把你的想法告知我们，多谢啦。

带着爱的问候！
斯汀娜和弗朗克

---

[1] 即《养育者们：哲学可以教会妥协型父母什么》（*De opvoeders. Wat filosofie de schipperende ouder kan leren*）一书。

测试

我的爸爸妈妈还有救吗?

来这里测试一下吧!

圈出适用于你父母的那些描述项。

- ★ 我的父母经常争吵。

- ★ 我的父母很多事情都要问我。

- ★ 我的父母经常发生矛盾。

- ★ 我的父母希望我表现得像一个真正的男/女孩。

- ★ 我的父母在玩手机上花了太多时间。

- ★ 我的父母在家里是一副样子,在外面是另一副样子。

- ★ 我的父母希望我能够让他们的梦想成真。

★ 我的父母太过于操心了。

★ 我的父母把家里弄得乱糟糟的。

★ 我的父母经常睡得太晚。

★ 我的父母老是腻歪在一起。

★ 我的父母常常说脏话。

★ 我的父母是完美主义者。

★ 我的父母不管做什么都想要一成不变。

★ 我的父母花了太多时间在工作上。

★ 我父母的生活方式不健康。

★ 在我父母眼里,我太过于了不起了。

★ 我的父母总是想和稀泥。

★ 我的父母总是要把所有的东西都收拾整齐。

★ 我的父母衣品很差。

只圈出了 0~5 项:

 几乎完美!

你对父母非常满意。你把他们"教导"得很好哦!
完美的教养是不存在的,总会有些需要改进的地方。

祝贺你!

圈出了 6~10 项:

 还不错哟。

你在"教导"父母方面要做的还有很多,但我们从中也看到了很好的可以有所作为的机会。不要试图一下子解决所有问题,要一项一项循序渐进,制订一个教养计划。你和父母可以通过谈心的方式讨论进展。

圈出了 11~15 项:

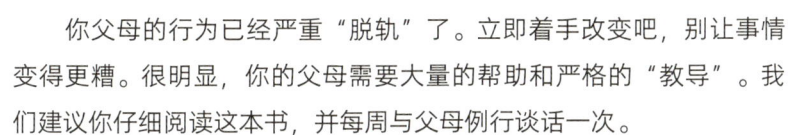

哎呀！
要做的事可不少啊！

你父母的行为已经严重"脱轨"了。立即着手改变吧，别让事情变得更糟。很明显，你的父母需要大量的帮助和严格的"教导"。我们建议你仔细阅读这本书，并每周与父母例行谈话一次。

圈出了 16~20 项:

救命！我那毫无希望、
缺乏教养的父母啊！

真是无药可救的家长啊！吃饭没吃相，手机不离手，口吐脏话，对穿搭没有一点品位——可不能再这样下去了。再检查一遍你是不是真的全都圈对了。如果的确都是对的，那么你就要立即给父母买许多哲学家的书，比如柏拉图、让-雅克·卢梭、伊曼努尔·康德、伊壁鸠鲁和汉娜·阿伦特，还得把他们"软禁"在家里——在他们明白自己的养育方式有什么问题之前，只能在家学习，不许出去。

1. "什么事情都问孩子"的父母

父母心理画像：缺乏主见，放弃养育主导权

◎ 现在到了要睡觉的时间吧，你觉得呢？

◎ 你的朋友都能得到多少零花钱啊？

◎ 你自己认为玩多长时间手机合适呢？

◎ 你想邀请几个朋友来跟你一起过生日呢？

有些父母就这么把养育的主动权完全交给自己的孩子了！这听起来很不错，但事实并非如此，因为这样你就没办法做一个真正的孩子了。你要扮演妈妈或者爸爸的角色，总是要帮着父母来养育自己，永远不可能舒舒服服地做个小孩子。

问 题

★ 你的父母很多事情都要问你吗？

★ 在对你的教养问题上，你会偶尔有权和父母一起做决定吗？

★ 父母什么问题都来问你的意见，对此你是什么看法呢？

别人家的孩子是这么说的

西尔瓦娜（9岁）："这个我可再熟悉不过了。倒不是我的爸爸妈妈不知道该如何养育孩子，但他们就是没办法严厉起来。他们想要看到我快乐，这就是为什么他们会一直问'你觉得开心吗？''你今天在学校过得愉快吗？'。有时候，我就会为此生气。有一次，我故意把所有东西都扔在地上。只有这样做，我才能逼着爸爸变得严格一点。但事后，他又开始问我：'需要怎么做才能让你不生气呢？'"

艾思美（10岁）："我的父母非常严厉，什么事情都不许我做。有时候我妈妈就像个警察一样，而我唯一能做的就是一直反抗。所以依我看，作为一个孩子如果你可以对什么时候该上床睡觉有发言权的话，就别抱怨了，好好享受一下吧。"

✲ 自然状态 ✲

如果你的父母自己没办法做决定，那么他们就应该去读一读托马斯·霍布斯的作品。这位哲学家描述了一种没有领导者的自然状态。根据他的学说，这种自然状态必然会引发人类战争，因为每个人都想要夺走别人所拥有的一切。比如，当你需要食物，在这种自然状态下你可以自己种植胡萝卜，但这需要很长的时间。而你偷邻居的胡萝卜就容易得多了。所以，混乱就产生了。这种混乱的自然状态有点类似于那种没有履行养育责任的父母。根据霍布斯的说法，在某一时刻，处于这种自然状态中的人们觉得受够了，于是将自己的一部分自由交给一位领导者。他们彼此同意这位领导者将拥有决定权，只要他能够确保和平就行。这实际上就是大多数孩子与父母之间所达成的协议。你把自己的一部分自由交给了父母，而他们则要确保一切都顺利进行。

如果你的父母问得太多，就向他们解释一下霍布斯所说的自然状态吧。这样他们就会明白，如果想要维持和平，他们就必须是制定规则的人！

2. "我家孩子真了不起"的父母

父母心理画像：按照自己的预设，书写孩子的人生

> 亲爱的斯汀娜和弗朗克！
>
> 我的爸爸妈妈觉得我是一个超级小孩。开家长会让家长发言的时候他们总是要求加时，而且还认为我必须去重点班才行。最近，我对妈妈说自己长大想当一名美发师，她听了居然笑出声来。"什么，不是航天员或者医生吗？"她问我。如今她又想出了新点子：我得参加一次智商测试，这样就可以证明我非常聪明。这根本就没什么意义，因为我才8岁啊！照我看，这一切都是因为我是家里唯一的孩子，因此妈妈才把很多精力都投入到我身上，就好像她十分害怕我会失败一样。但我对重点班啊，智商测试啊什么的，根本就没兴趣。我只是想做自己喜欢的事而已。我应该怎么做呢？
>
> 真诚问候！
> 8岁的达娜

问题

★ 你的父母认为你很特别吗？

★ 他们是如何表现的，他们都说了什么？

★ 他们有时候会不会有点夸大其词？

★ 你自己感觉怎么样呢？

别人家的孩子是这么说的

蕾雅（10岁）："在智商测试的时候故意搞砸是没有意义的。毕竟我就这样干过，主考老师立即就意识到了这一点。她说：'这个孩子超级聪明，她是故意表现差的。这一点在天赋很高的孩子身上很常见。'"

托马斯（9岁）："最好的办法是让你的父母自己去做智商测试。俗话说，有其父必有其子。所以，如果他们很聪明，那么你可能也很聪明。要是你的父母得分不高的话，他们肯定就不敢说你有多么了不起的话了。"

卡门（40岁）："我就是一名美发师。谁说成为美发师就不好了？想要弄清楚自己是不是真的想当一名美发师，最好的方法就是尽快开始学剪头发。你可以拿芭比娃娃开始练手（不过你要有所意识：它们的头发可不会再长出来哦！），然后你也可以找机会给爸爸妈妈理一理头发。一旦他们见到你在理发中获得了那么大的乐趣，而且发现用不着再去理发店，还可以省下一笔钱，他们可能就会觉得你想成为美发师的愿望也挺不错的。"

* 白板说 *

你好，亲爱的达娜！

听起来，你的父母好像还应该学一点关于存在主义的东西。存在主义是一种哲学流派，主张作为一个人，你完全可以自由地成为你想要成为的样子。在出生时，你处于"无"的状态；而在成长的过程中，通过你的选择和行动，你成为你自己，由"无"变成"有"。因此，一些哲学家的说法是，你是以一块"白板"（tabula rasa）的姿态来到这个世界上的。在拉丁文里，tabula rasa 的意思是一块没有被刻写过的白板，就好比一张什么都没写的白纸。在你的生命中，你将按照自己的心意写满这张纸，从而完成从"无"到"有"的过程，也就是成为你自己。

你父母的所作所为，存在主义者是不会认同的。你的父母实际上是想把你牢牢地抓住。他们说你天生高智商，想给你盖章且下定论，这样他们就把你变成了"有"，变成了某件东西。然而你并不是一件东西，你是一个人。一件东西不能自由地成为它想要成为的样子。书就是书，柜子就是柜子。但你可以自由地成为你想要成为的样子。因为你是一个人，你有无限的可能性。所以，去告诉你的父母吧："你们想把我变成一件东西，但我是一个人。这意味着我是一块 tabula rasa，也就是一张上面什么都没写的白纸。这是我的纸，我想要自己把它填满，我不想被定义成你们所认为的样子。"不过你要避免使用 tabula rasa 这个词，不然的话他们肯定还是会把你拉去做智商测试的，因为很少有 8 岁的孩子会用这个词。

祝你成功！
斯汀娜和弗朗克

3. "男(女)孩子就要有个男(女)孩子的样"的父母

父母心理画像：偏见、保守

你见过这样的爸爸吗？他会站在球场边线上冲着儿子大吼："跑起来！射门啊！再快点！"假如你是一个男孩，你选择足球运动只是因为你爸爸非要让你踢球；又或者你练某种武术，只是因为爸爸觉得一个真正的男孩必须强壮、有能力战斗。可是，实际上你更愿意和自己的姐姐去骑马，或者留在家里做手工。假如你是一个女孩，你的妈妈非常期待和你一起逛街、烘焙甜甜的蛋糕之类的，而你对此完全没有兴趣，反而更愿意在外面疯玩和爬树。那么你又会怎么做呢？

问题

★ 你的妈妈会不会很期待与你做典型的"女孩子的事情"，而你的爸爸则要求你做那些典型的"男孩子的事情"呢？

★ 如果是的话，什么样的事情属于典型的"男（女）孩子的事情"，而什么事情又不属于呢？

★ 他们会干涉你的爱好吗？

★ 你觉得父母应该使用不同的方式来抚养男孩和女孩吗？

别人家的孩子是这么说的

恩斯特（13岁）："当我必须踢足球时，我感到非常不开心。所以我就整天放 Doe Maar 乐队[1]的《大男人》这首歌。歌词里讲了一个因不会踢足球而交不到同性朋友的男孩。他觉得女孩们活泼多了，因为她们会一起聊得热火朝天，而男孩们则傻乎乎的，不会说话。就像歌词里唱的：女孩们更有趣 / 她们从不和我吵架 / 她们可以聊上几个小时 / 而我也偷偷摸摸地参加。没准儿你也可以这么做。你的爸爸很有可能知道这首老歌，并且觉得这支乐队很酷。那样的话他很快就能理解你放这首歌是想要表达什么了。"

普克（10岁）："我'教导'爸爸妈妈的办法是反其道而行之。对于那些典型的'男人的事情'和'女人的事情'，我都反着要求爸爸妈妈。比如，如果学校要求家长做班级晚会的志愿化妆师，我就报名让爸爸去，因为妈妈每天给自己化妆的时间已经够长了。我还请妈妈来为足球比赛当裁判。这样做真的很有必要，因为他们自己是不会主动去做的。不过，如果我提出要求的话，他们就会毫无怨言地都去做了。"

1 Doe Maar（意为"只管做吧"）是荷兰的一支老牌流行乐队。——译者注

✱ 生物学性别和社会性别 ✱

  女性主义是哲学中的一个流派。它既为女性仗义执言，也认为男性可以展现出除刚健和坚强之外的其他面貌。在过去，男人可以（能够）做的事情要比女人多得多，而女人甚至常常不得不服从男人。随着女性的反抗，她们获得了越来越多的权利，现在（至少在荷兰）她们可以做的事几乎和男性一样多了。女性主义哲学家们为女性权利挺身而出，他们的观点是：女人并非生来就是女人，而是被塑造成了女人。

  他们的意思是说，不管男孩还是女孩，他们刚出生时的行为是相同的，后来却因为养育方式不同而开始表现出不同的行为。这些女性主义哲学家将生物学性别和社会性别区分开来。生物学性别指的是你生来是男还是女，但社会性别则指向那些与之相关的行为方式。长期以来，人们都认为男孩应该以某一种方式行事，而女孩则应该以另一种方式行事。这对女性来说尤为受其困扰，她们因此认为如果女性要去工作、学习、写书或做什么别的事情，那都是不对的。但现在，不论是医生还是货车司机，都有女性。此外，不仅女性受限制少了，男性也是如此。如今，他们也可以做一些在过去被视为典型的"女人的事情"了，比如做饭、打扫卫生以及照顾孩子。

　　因此，如果你的父母把你照着男孩的模式养育，或者相反，把你照着女孩的模式养育，而你自己却并不喜欢的话，你应该把生物学性别和社会性别之间的差异跟他们解释一下。这是因为，仅仅凭着生为男孩或者女孩的事实，并不意味着你就非得喜欢那些典型的男孩或者女孩的东西不可。

4. "两副面孔"的父母

父母心理画像：冷漠，忽视孩子的情感需求

亲爱的斯汀娜和弗朗克！

我爸爸经常摆着一张臭脸，他往沙发上一瘫，完全不理会我们。有时我甚至得问他三次他才会回话。然而他对其他人却很好，就像突然间变了一个人似的。今天早上，他又躺在沙发上了。我当时坐在桌前画画。画好之后，我问他觉得我画得怎么样。他没说话。我站起来，把画拿到他的面前，又问了一次。他还是没有回答。我就大声问："你觉得我画得怎么样？"他头都没抬地说了句："不错。"我觉得他说的根本就不是真心话。当时，妈妈也在场，她想要安慰我，于是就说："不用介意爸爸的态度，他只是累了。"过了一会儿，爸爸的电话响了。他看了看屏幕，突然间就坐直了身体，脸上露出了笑容。只见他非常高兴地按下接听键，对着电话说："你好啊，莱昂妮，你能打电话来真是好极了。"他提出了各种各样的问题，并且显然也尽力回答了她的问题。如果我爸爸真的这么累，累到都没力气对我好一点，为什么他能对别人那么友善呢？

许多许多的问候！
12岁的丽莎

问题

★ 你的父母在家里和在公共场合的行为是否有所不同？具体表现为哪些不同呢？

★ 你的父母有没有"两副面孔"，一副开朗，一副愤怒？他们是怎么表现出来的？还有，他们什么时候会换上另一副面孔呢？

★ 你自己有"两副面孔"吗？

别人家的孩子是这么说的

罗宾（9岁）："我有一个经常在家里抱怨自己过得非常艰难的妈妈。然而她在朋友面前却总是表现得非常开朗，比如'哎呀，全都好着呢'。我有时会在家里学她的样子作为一种'惩罚'，我会说：'哎呀，哎呀，我过得多么难啊！'通常情况下，她都会忍不住笑出来，而且也明白我的意思。"

维姬（9岁）："在家里，你可以完全做自己。所以摆张臭脸也没什么不行的，至少这样可以放松自己。因此，我确实理解你爸爸为什么会有'两副面孔'。"

史坦（10岁）："我倒是可以理解。在家里和在大街上或者在工作中就是不一样。我自己在课堂上和瘫在家里的沙发上的样子也不一样啊。"

自我反思

嘿，丽莎！

你该有多么烦恼啊。在我们看来，有一位几乎不关注你的爸爸可真够糟糕的。不管怎么说，很明显你的爸爸需要"教导"！不过这并不容易，因为你的爸爸身上存在一个棘手的问题：缺乏自我认识。他没有很好地审视自己。在哲学中，我们把这种审视自己的行为叫作"自我反思"。这个词还挺难懂的，但只要想想自行车的尾灯就能理解。它看起来似乎会发光，但实际上并非如此。只有当你用一束光射向它时，它才会亮起来，因为它反射了你射向它的光线。

如果你不射向它，它就不会发光。这种反射就好比所谓的"反思"。

现在来想想"自我反思"这个词吧。像你爸爸这样的人，不是很善于让自己的目光从周围的事物上"反射"回来，从而反观自己。想要自我反思，首先必须思考自我。他需要这样想一想：如果我臭着脸往沙发上一瘫，别人问我话时我却连理都不理，这样对我的女儿丽莎很不好。他必须将你想象成一面镜子，而他在镜子里看到的正是像这样瘫在沙发上的自己。

不过话说回来，你的爸爸之所以不太会反思，也许是因为他从来没有在这方面好好地学习过，所以他自己可能都不知道要怎么做。因此，你不应该对他太生气，在这一点上你妈妈肯定是对的。这并不意味着你什么都改变不了，你需要着手"教导"你的爸爸。

你可以用手机偷偷地拍下他的行为，好为他竖起一面镜子。这应该还是很容易做到的，反正他也不太关注你，肯定也不会注意到你在偷拍他。你要多拍几次，直到拍到他再次拿起电话，突然变脸成为另外一副模样。一旦你在视频里明确地记录下这一刻，就可以进行下一步了。

你要挑选一个好时机把视频拿给他看，也就是说在他真的可以分出一些时间给你的时候，因为他必须认真地看才行。你不必向他解释什么，只要给他看拍的视频就够了。等他看完以后，问问他哪个片段给他留下了深刻印象。如果他没有立刻就说自己看到了两副面孔，你还可以问他几个问题，比如："你看到自己在接电话之前和之后有什么不一样了吗？"那是同一副面孔吗？"你哪个时候在笑，哪个时候又不笑了呢？"

然后，你就可以期待他自己想出答案，说他是个"双面人"或诸如此类的回答。接着你就可以问问他，别人看到的是一个开朗、满面笑容的人，而你却要面对一个冷漠的爸爸，他觉得这样对你好吗？假如他认真对待这个问题的话,他一定会开始思考一下自己的行为,而这就是走向自我反思之路的第一步。这个过程不会那么快,但是,你可以一步一步地教会他。到时候,你就会把你的爸爸"教导"得很好啦。

要去拍他哦!
斯汀娜和弗朗克

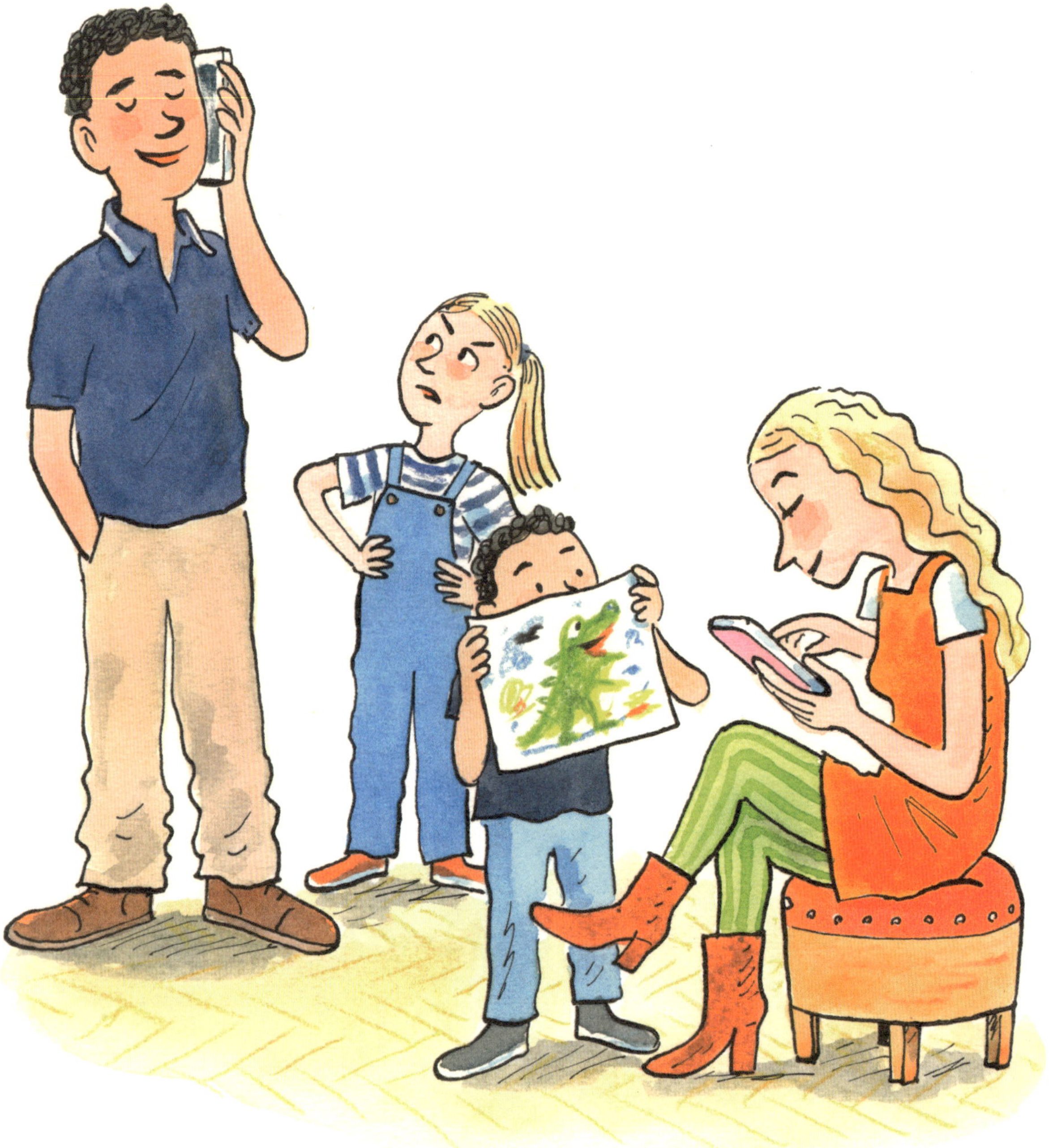

5. "玩手机玩得太多"的父母

父母心理画像：空虚，缺乏目标感

你和爸爸一起出去玩，他却全程只盯着手机，据他说这是在寻找路线。

你在学校得了高分，回到家妈妈心不在焉地说了句："真棒。"但你看得出来，她根本就没有在听你说什么，因为她一直都在发短信，据她说这是在工作。

然而与此同时，他们却也在玩游戏、聊天或者看视频。他们根本就没有注意到你，因为他们还要"用手机来干点什么"呢。你的爸爸妈妈虽然经常在家，但实际上他们神不守舍，因为他们的心思都跑到别的地方去了。

这种情况对你来说不陌生吧？

问题

★ 你的爸爸妈妈玩手机的频率有多高呢？

★ 你认为什么叫作"玩手机玩得太多"呢？

★ 你家里有手机使用规则吗？如果你可以制定这些规则，那么它们会是什么的呢？

别人家的孩子是这么说的

卡琳（8岁）："我爸爸还没等吃早餐，就已经把手机抓在手里了。他连上厕所都要带上手机呢！有一次，我把他的手机藏起来，然后他就完全慌了神。你可以通过一个'教育性问答'的游戏来帮助他找回手机。比如问他，'作为父母，你应该要树立一个好榜样，是还是否？'如果他的回答为'是'，你就给出一条关于手机藏匿地点的线索。"

拉斯（12岁）："我妈妈对手机都上瘾了。我有时会想，我要给她装一个那种本来是针对儿童的、确保手机在一定时间内不能联网的教育APP。这样的话，她就会有几个小时没法上网，从而不得不去干点其他的事情了。"

维姬（9岁）："假如你的父母玩手机太久的话，你就要引入一个罚款制度了。他们每玩一次手机，就要额外多给你十元零花钱。这样，如果他们玩手机，你也会得到好处。此外，还可以用上闹钟：我妈妈可以在晚饭后玩半小时的手机，而我去看电视，之后她就会来陪我了。"

绝对命令

很明显，这些爱玩手机的父母必须被"教导"！他们要学学"绝对命令"。什么东西？这不就来了嘛：

在你的行动最大限度可以成为一个普遍规则的基础上，去采取行动。

这句话听起来挺复杂，其实非常简单。如果你不确定自己做的事情到底对不对，那么你就问自己这样一个问题：我希不希望它成为一个普遍规则呢？我可以偷糖吃吗？不就这么一次嘛，有什么关系呢？不，偷糖是不可以的，因为如果你把它当作一条普遍规则的话，那么每个人就都可以去偷一次糖，继而店主的生计也就没有着落了。

同样地，家长们也应该问问自己可不可以整天都玩手机。不可以的，因为如果他们把这个变成一条普遍规则的话，那么每个人就都可以整天玩手机了——包括他们的同事、孩子及其学校里的老师。而家长们并不想要这样。既然如此，他们自己也就不应该这样做。

因此，把"绝对命令"四个字打印出来，贴在家里的不同地方吧，比如厨房和卧室。千万别忘了还有厕所，那可是人们经常会拿着手机去的地方哦！

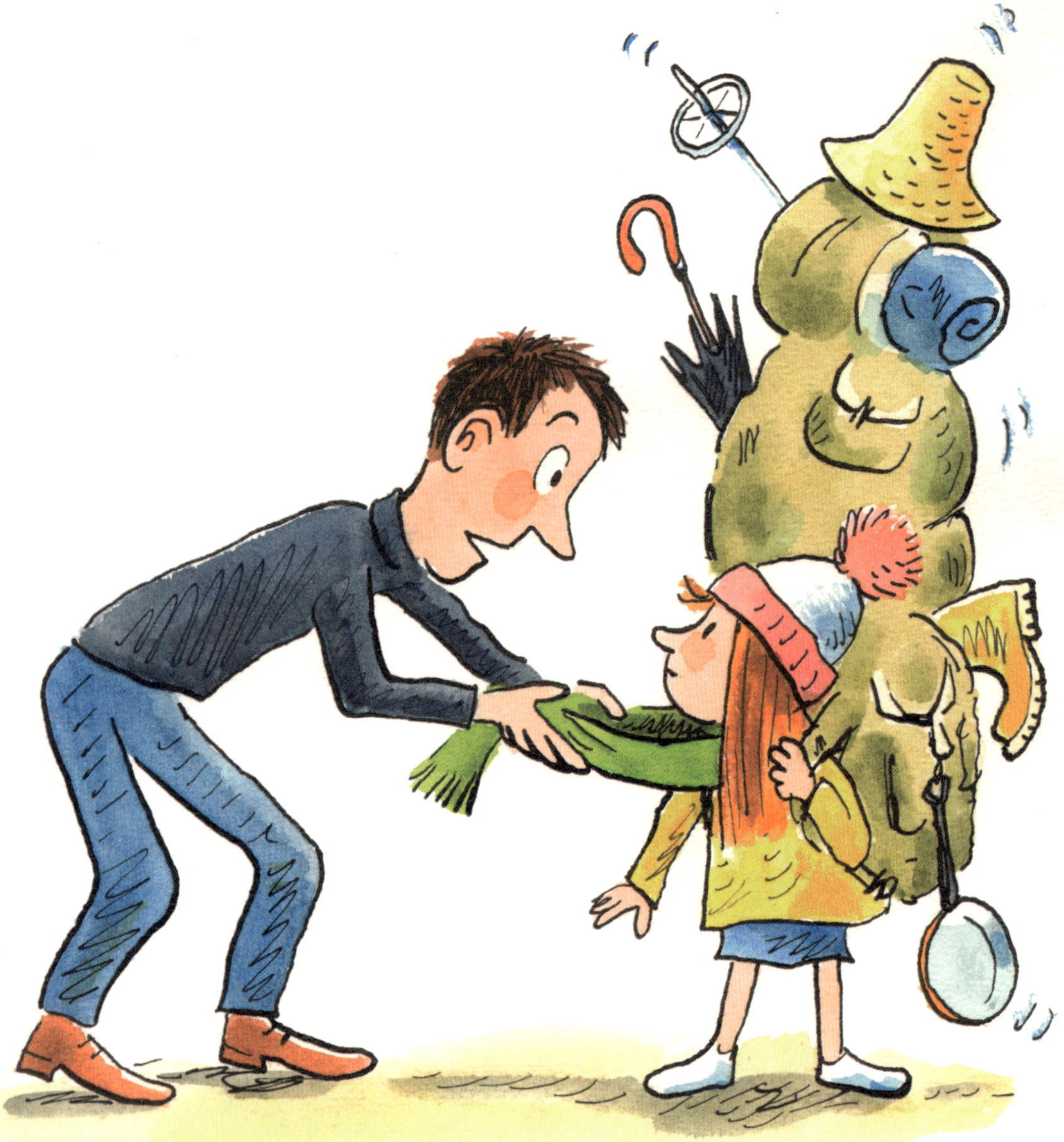

6. "过分操心"的父母

父母心理画像：害怕、担忧，缺乏安全感

"你穿得够暖和吗？"

"是的，爸爸，我穿的是衬衫，现在外面有十几摄氏度，我觉得可以了。"

"亲爱的，我给你在书包里再放上一件马甲吧。还有你的雨靴，以防万一。"

"好周到，反正扛着三个包上学一直都很方便的嘛。"

"要注意那些骑车的人，首先是看……对了，然后再看……"

"你的意思是首先向前看，然后向后看，接下来再向左右看，对吗？要不再顺便跳个舞呗？"

有没有感觉似曾相识呢，一个总是在担心、为了各种鸡毛蒜皮的事情正告你的家长？如果有的话，那么说明你拥有一对过分操心的父母！

问题

★ 你的妈妈或爸爸为你操心的程度怎么样？

★ 你认为他们是操心得太多了还是太少了？为什么这么说呢？

★ 什么时候操心有好处，什么时候又没有好处呢？

别人家的孩子是这么说的

福斯特（9岁）："如果这种担心变得太疯狂的话，那么建议你去上学的时候准备四个大袋子，里面装上各种衣服。因为你不知道会不会下雨、会不会出太阳、会不会上体育课，或者会不会有雷暴。所以你需要把东西都带上。如果你的爸爸问你拿这么多袋子干什么，你就说自己永远不知道这一天会有什么事发生。你爸爸可能就会忍不住大声笑出来，继而明白这有多夸张了。"

苏菲（10岁）："每当你和父母在一起做什么的时候，你也要表现出过分的担心：'爸爸，你难道不用穿上厚一点的外套吗？''妈妈，别忘了带车钥匙！还有，记得留下一把备用钥匙，万一你把钥匙弄丢了怎么办。''爸爸，想着买西蓝花，我们晚餐得有蔬菜吃哦！'直到他们明白你这是在模仿他们的行为为止。"

✽ 自我发现 ✽

让-雅克·卢梭是著名的哲学家、教育家。他写了一本关于教育的书，名叫《爱弥儿》。卢梭认为，儿童应该自己去发现一切。对于那些过分操心的父母来说，这本书可是必读书目。它讲述了一个叫爱弥儿的男孩的故事。如果他想要知道什么，那么他就必须自己去寻找答案。养育他的人并不会告诉他："把靴子穿上，爱弥儿！"不，让爱弥儿自己去发现在下雨天赤着脚出门是不是个好主意吧。或者在没有地图（或手机）的情况下进入森林，迷失方向后再自己想办法回来吧。也许你可以根据北极星来辨别方向（或许你会首先陷入迷路的绝望中）……关键在于，如果养育你的人总是什么都抢先一步帮你弄好，你就不会有机会自己去发现和学习了。如果你习惯了老是有人牵着你的手、拿着你的靴子等着你，那么你就永远都不能很好地照顾自己，因为你没有学过。在这种模式下养育出来的是被宠坏的孩子，他们把周围的人都当成自己的管家。

因此，如果你也有过分操心的父母，那么就把这本《爱弥儿》拿给他们并对他们说："我非常担心你们，请仔细读一读这个吧。"这本书会让他们享受阅读一阵子的，因为它有八百多页那么厚呢。在他们读书的时候，你就只管去做自己的事情，去探索世界吧。

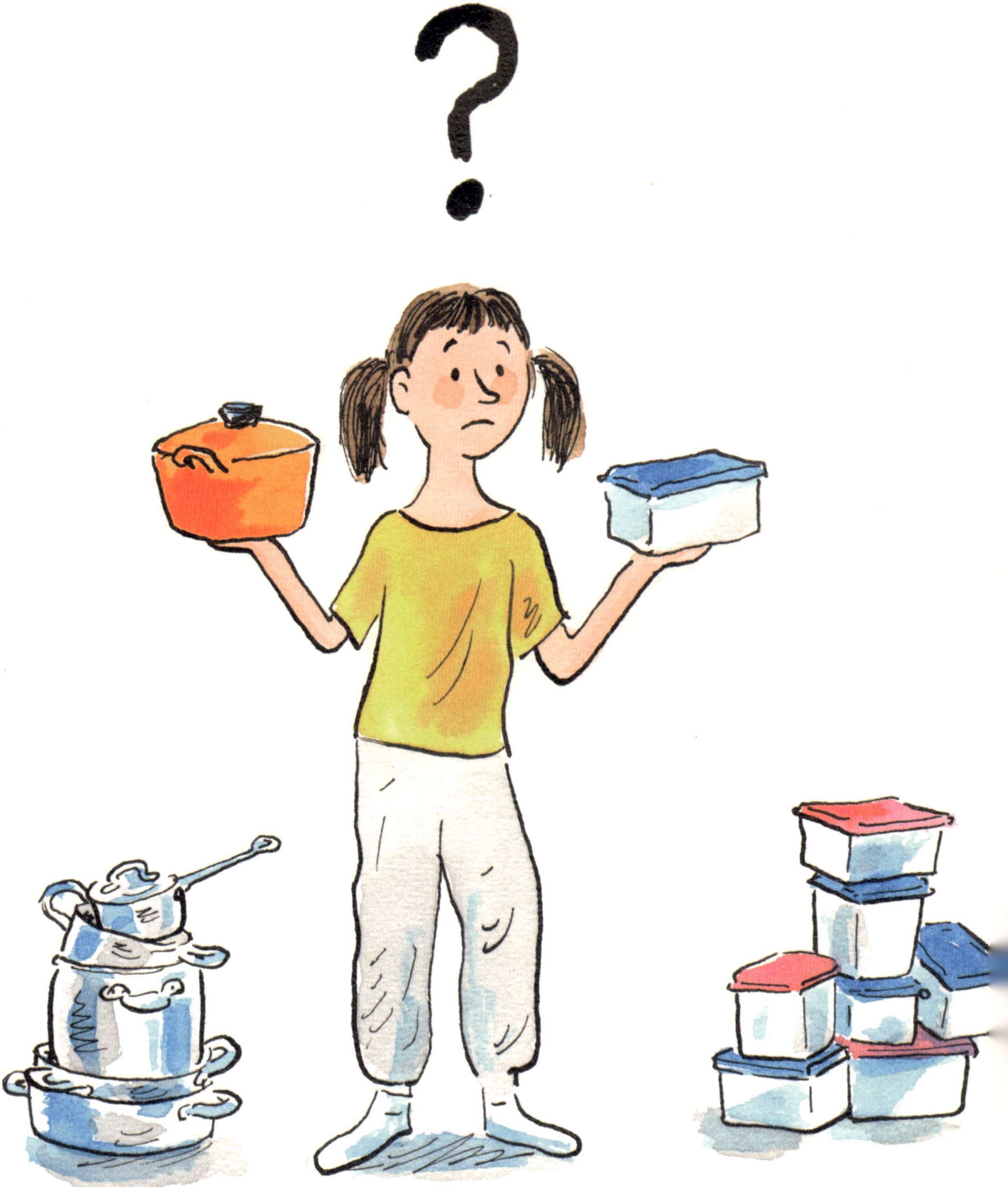

7. "不容置疑"的父母

父母心理画像：强势，代替孩子做决定

亲爱的斯汀娜和弗朗克！

我饭后总是帮忙收拾桌子。我觉得这样挺好，也理解这种事需要大家一起做。有时会有一些剩饭，而我的父母想要把它们留存起来。我也觉得这是个好主意，因为扔掉很浪费。食物通常都会被剩在锅里，然而我的父母非要让我拿一个塑料收纳盒过来，把剩饭放进去，然后再把本来装着食物的锅冲洗干净，放进橱柜里。我觉得把剩饭专门放到一个干净的容器里根本没有意义，但他们说必须这么做，因为"就是这样的"。我说："锅也是一种容器啊，它自己就有个严丝合缝的盖子，我可以把这个锅直接放在冰箱里。这样就用不着弄脏另外一个容器了，不然第二天还要再把它洗干净。"我的父母要么是不明白，要么就是不想明白。他们没有给我哪怕一个像样的理由——为什么不能把装有剩饭的锅放在冰箱里，却非要照着他们的意思把剩饭放到一个盒子里。你们能帮帮我吗？我该怎样"教导"我的父母，让他们承认我是对的呢？

祝好！
12 岁的梅丽尔

问题

★ 你的父母有什么让你觉得奇怪的习惯吗？

★ 你的父母会不会好好地解释为什么你要做某些事情？

★ 如果在某些事情上你和他们意见不一致的话，他们会有什么反应呢？

别人家的孩子是这么说的

洛切（10岁）："每当我问起为什么要做某件事，比如收拾东西或写作业，我的妈妈就会说：'什么为什么，就是这样的！'我觉得这样的回答太敷衍了，而且也说明妈妈懒得思考。但是，她看到一些育儿书上说，家长不应该和孩子陷入争论。我认为她这样做其实是在把我当成小孩子看待；而我却喜欢研究为什么有些事情可以做，有些却不可以，这会让我变得更善于思考。"

彼得（12岁）："我有一个非常缠人的弟弟。每当需要他做什么事的时候，他总是要问'为什么我非要干这个'，于是我的妈妈就开始解释，然后我的弟弟又开始反对，就这样没完没了。要我看，对付他所有的'为什么'，我妈妈只需要回答'就是这样的，别再抱怨了！'就可以了。"

✳ 逻辑 ✳

你好啊，亲爱的梅丽尔！

建议给你的父母上一堂逻辑课。逻辑学是哲学的一个分支，从中人们可以学会逻辑思考。显然，你已经可以很好地进行逻辑思考了。逻辑学和数学有点像，它是一种使用文字进行"计算"的方式，你可以用它来进行论证。例如，一个有效且真实的简单命题是：要么下雨，要么不下雨。你马上就会发现这个命题是正确的，当然它也没有什么用。想要真正地去论证些什么的话，你需要一点更加复杂的推理，比如说"直言三段论"。直言三段论是一种推理,可以从两个命题推出一个逻辑性的结论。例如,请思考这一直言命题:皮特是一个人。另一直言命题为:人必须吃饭、喝水才能维持生命。通过以上两个命题可以得出以下结论:皮特需要吃饭、喝水才能维持生命。

你的父母会理解上述的逻辑推理。不过你所说的情况要更加复杂一些。它由几组命题和结论组成。首先我们把它们都罗列出来吧。

命题一:刀叉和餐盘等餐具一旦脏了就必须清洗。(要不然上面的食物残渣就会滋生细菌,而当你再次使用它们时就会容易生病。)

命题二:碗应该尽量少洗,因为其一洗碗很没意思,其二洗碗对环境不好。

如果这些命题为真(它们的确是对的,是吧?),你可以得出这样的结论:你确实应该洗碗,但应该尽量少洗,因为洗碗既不好玩也不环保。在你的例子中,我们可以得出以下结论:

结论一:洗一个容器比洗两个好。

接下来,你还要证明一口锅也可以作为收纳容器。

你可以按照以下的方式进行:

命题一:收纳容器是一种可以把东西收进去封好,之后再放进冰箱的物体。

命题二:锅是一种可以把东西收进去封好,之后再放进冰箱的物体。

你现在可以从这两个命题中得出以下结论:

结论二:你可以把锅当作收纳容器来使用。(注意:这个结论不可以

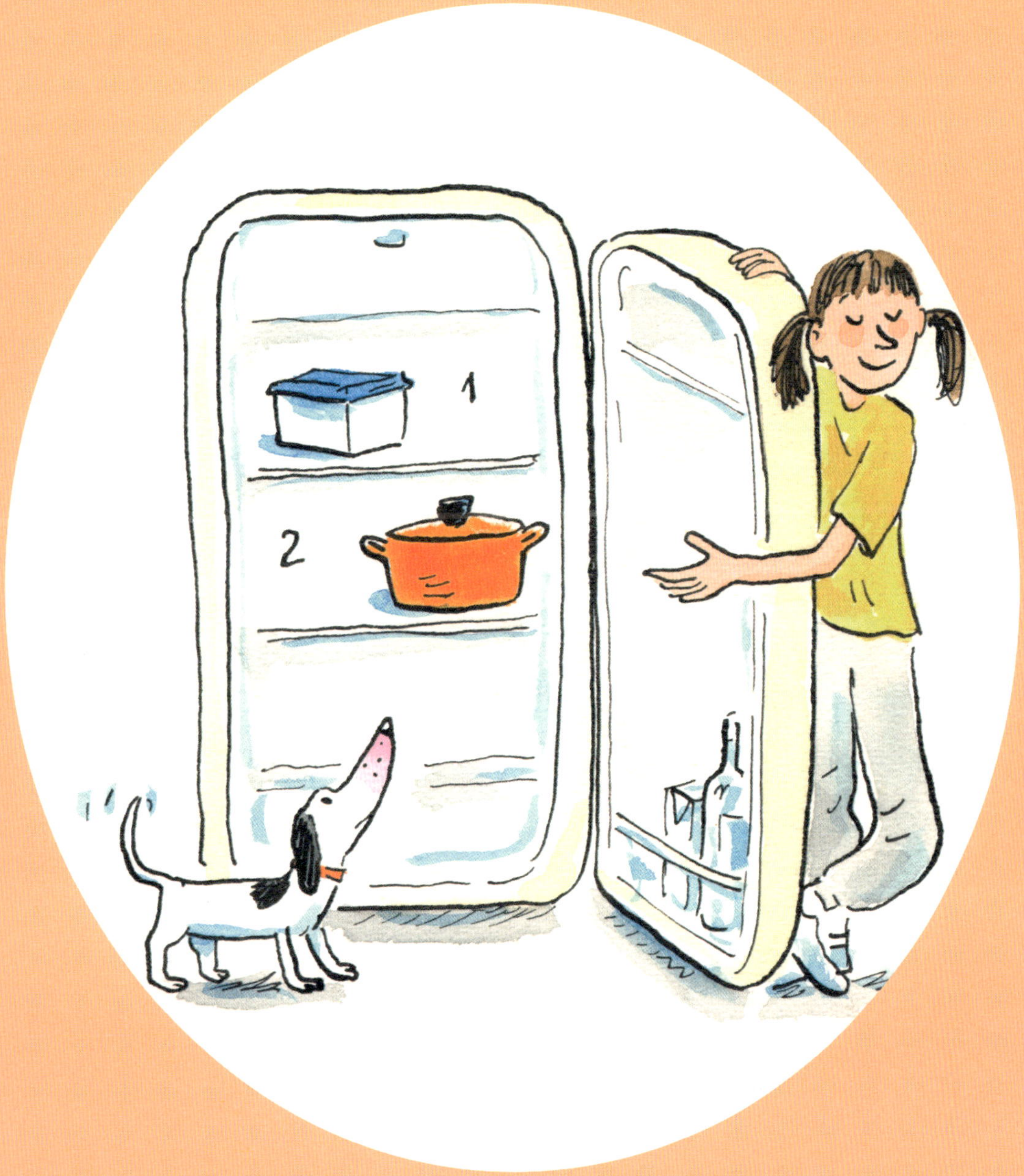
1
2

反推。你不能说收纳容器可以当作锅来使用。）

现在，如果我们将结论一和结论二作为两个新命题的话：

命题一（结论一）：只洗一个容器比洗两个好。

命题二（结论二）：你可以把锅当作收纳容器来使用。

你就可以从中得出最终的结论：

最终结论：如果锅里有剩饭，那么最好把它留在锅里，然后再把锅放进冰箱里，而不是把这些剩饭放进另一个收纳容器里。（因为这样一来就可以省去一些清洗的工作了。）

现在，我们从逻辑上证明了你是对的。你要把这个证明过程拿给父母看。让他们仔细地读一读吧，这里的逻辑严密得连根针都插不进去。假如父母还想让你把剩饭放进收纳盒里，那他们要拿出更好的论据哦。

去跟他们推理吧！
斯汀娜和弗朗克

自己也试试吧

有什么关于教养子女的做法你并不赞同的呢?以此为主题,试着自己做一个论证方案出来吧。想想有什么好的理由来证明你的父母说得并不对。

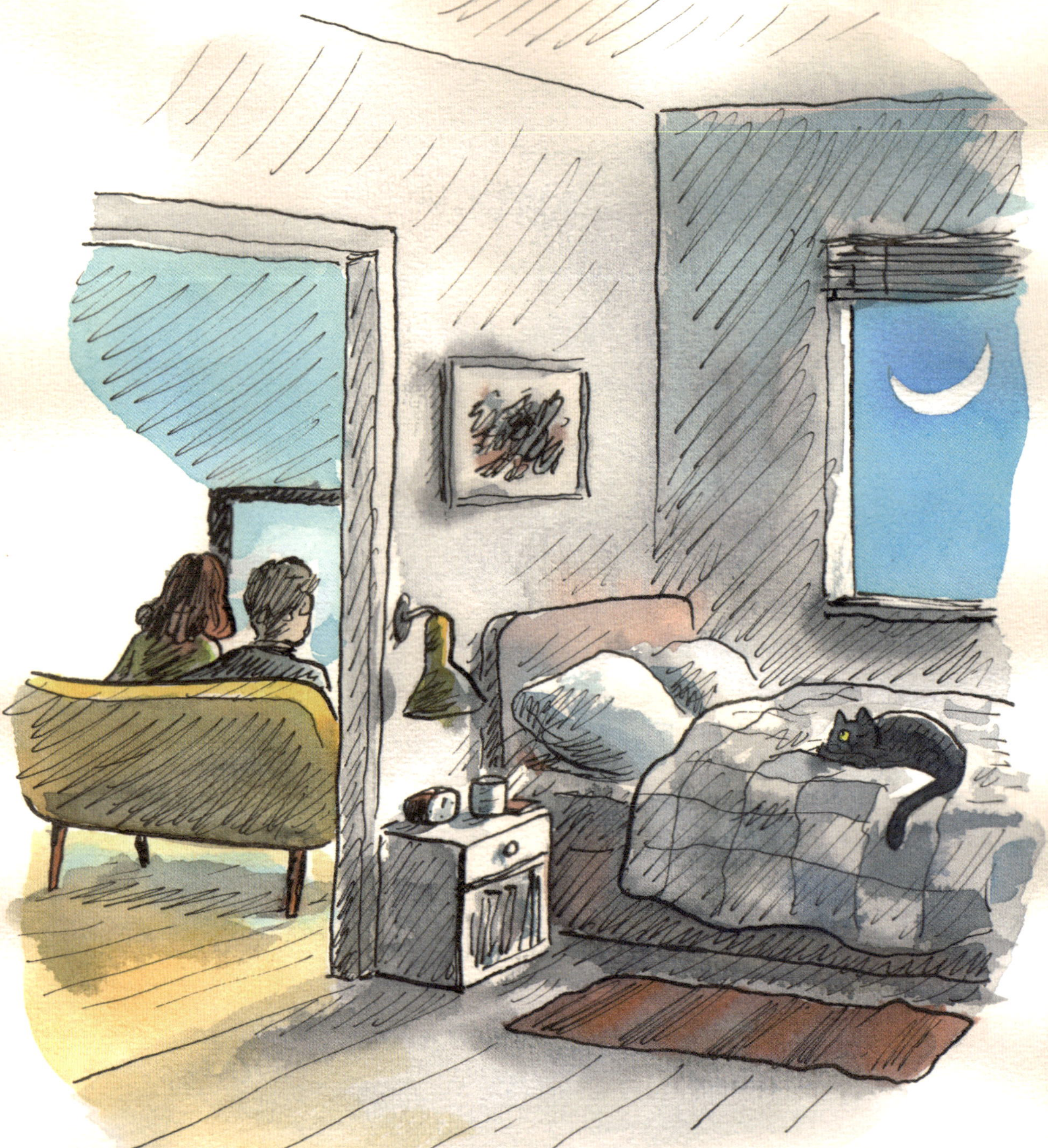

8. "睡觉太晚"的父母

父母心理画像：双标，不善于权衡行为的后果

亲爱的斯汀娜和弗朗克！

我的父母要求我按时睡觉，但他们自己从来都不按时睡觉。当我起夜上厕所时，我看到客厅里的灯还亮着。最迟的一次都已经是凌晨3点了！我觉得这是错误的。不过我的爸爸却说，人有"早起的"，也有"晚睡的"，而他就是个"晚睡的夜猫子"。可是，如果他们自己都做不到，而且每天早上还顶着硕大的眼袋，带着满身的起床气，好像两袋散沙似的瘫在餐桌边上，并且牢骚满腹地让我闭嘴——不要在早上问太多问题，这样的父母又怎么可能教会我些什么呢？

许多许多问候！
13岁的洛特

问题

★ 你们家里关于睡觉有什么规矩吗？规矩又是谁定的？

★ 你什么时候上床睡觉？

★ 你的父母什么时候上床睡觉？

★ 你有没有偶尔注意到他们睡得太少了？

别人家的孩子是这么说的

艾莉泽（10岁）:"把他们推进房间,再把门锁上。"

塔玛拉（11岁）:"父母用不着和孩子在同一个时间上床睡觉。当你长大了,你也可以自己决定睡觉时间。"

查理（11岁）:"在他们睡着以后,你可以偷偷地溜进他们的卧室里把闹钟关掉。到了第二天早上,你必须非常安静地起床,免得吵醒他们。你要悄悄地穿上衣服,自己做早餐,然后去上学。等他们醒过来一定很晚了,因此上班也会迟到。对于他们糟糕的行为,这是个不错的惩罚,而且他们也总算能睡够一次了。"

艾哈迈德（12岁）:"和他们一起去大自然中的营地露营一段时间吧。白天,你们就去爬山、游泳等,做各种事情。天黑以后,你们在那里就什么都没法干,只能睡觉了。而且,那些大自然露营地里往往没有电,所以什么手机啊,笔记本电脑啊,平板电脑啊,都是没法充电的。到那个时候他们就真的想要睡觉了,因为他们白天做的那些事情已经把他们累坏了。"

✱ 后果：权衡利弊 ✱

成年人每晚需要 7~8 小时的睡眠。因此，如果早上 7 点钟必须起床的话，那么最迟就应该在晚上 12 点之前睡觉。如果你的父母睡得比这个时间晚，那他们就睡得太少了。不过话说回来，你要怎样"教导"自己的父母，让他们按时睡觉呢？按照英国哲学家杰里米·边沁的说法，你的父母还不善于权衡他们行为的后果。你的父母对于成人（可以晚睡）和儿童（必须早睡）的原则过分坚持，但对于其中的后果没太在意。就拿"不许撒谎"来举例子吧，这可能是你学过的原则之一。然而在某些情况下，撒谎反而比较好。比如说现在处于战争期，有无辜的受害者藏到了你家里。如果这时敌人按门铃，问有没有人躲在你这里，你不该回答"是的，确实有人躲在这里"。相反地，你可以撒谎说："不，这里没有其他人！"因为这样才能保全别人的性命。

所以，回去跟你的父母谈谈吧。他们需要放弃对"家长可以晚睡"这一原则的坚持，转而将注意力更多地放在后果上。而你完全可以在这方面帮他们一把。比如，你可以执行一次查理的计划，在事先不告诉他们的情况下把闹钟关掉。你可能会说，这不就是在害人吗？也许是的，但假如会产生良好的结果，这样做也是可以的。

祝你"教导"父母一切顺利哦，洛特！
斯汀娜和弗朗克

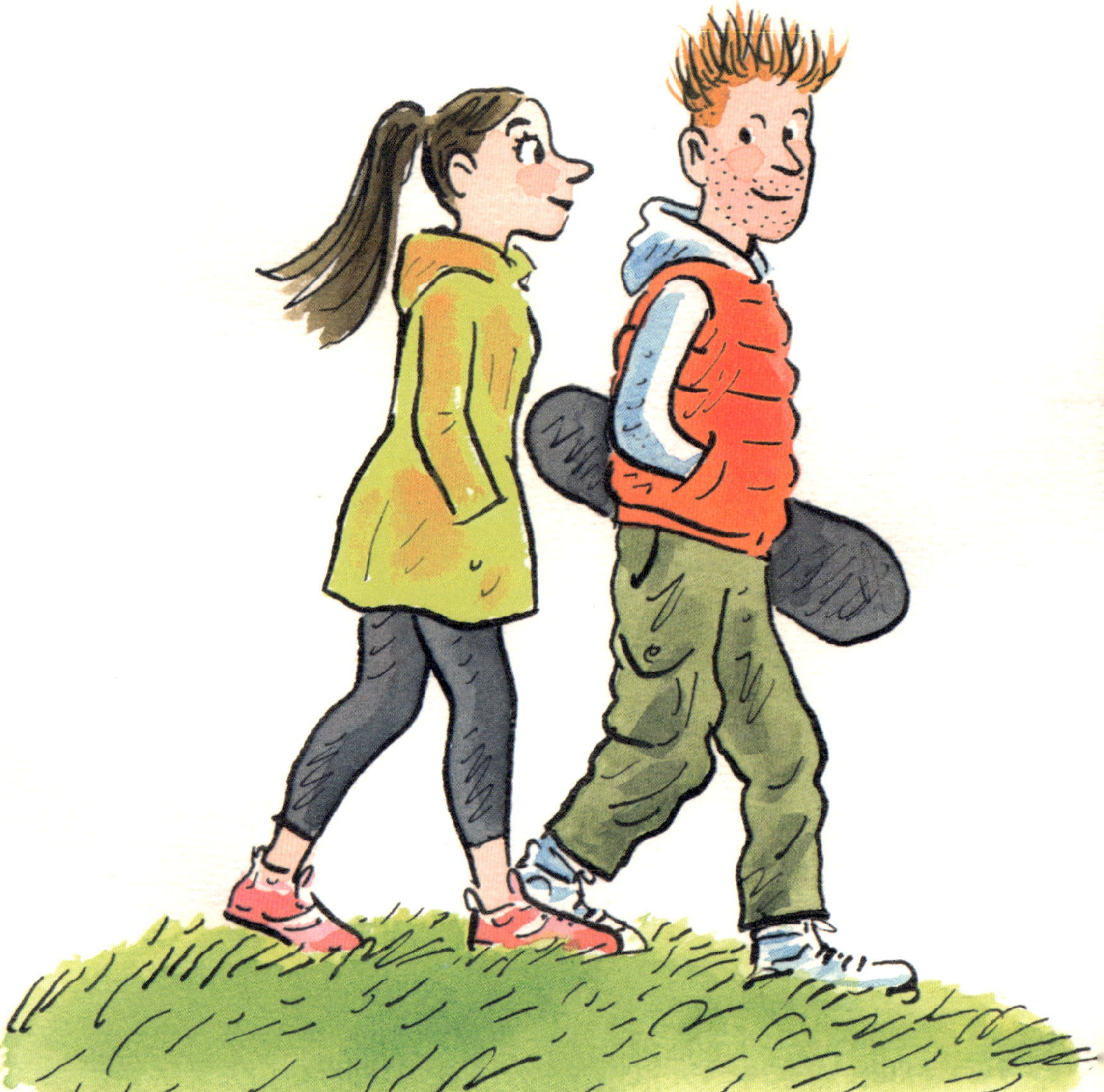

9. "刻意装嫩"的父母

父母心理画像：年龄焦虑——不愿承认正在老去

亲爱的斯汀娜和弗朗克！

我有一件挺烦心的事。我父母的穿着打扮就仿佛他们还很年轻似的，他俩让我觉得太丢脸了！我的朋友和我穿什么，他们看了也去买来同一种类型的衣服穿！我妈妈总是穿着那种露腰的上衣，还有短裙。而我爸爸也是无比努力地想让自己看起来像是我的学校里那些受欢迎的男孩。在我看来，他没搞明白他已经是当父亲的人了，他这样穿真的不行。那些衣服穿在他身上看起来很可笑，而且他搭配得也不对。当我评论他的穿着时，他就说："那你是不喜欢我的球鞋了？"哎呀，我应该怎么回答呢？我心里当然是觉得它们挺好看的，不过不应该穿在他脚上！而且他们俩还不停地赞美对方的新衣服。他们看起来似乎不为任何事情感到丢脸，但我为他们感到丢脸，这一点让我的心情很复杂。

真诚问候！
12 岁的艾斯特

问题

★ 你的父母是什么穿衣风格？

★ 你觉得他们穿得好看吗？

★ 他们会干涉你的穿着吗？

别人家的孩子是这么说的

杨（12岁）："当去见父母的朋友时，你试着穿得像个大人一样。高跟鞋配短裙，再涂上口红和眼影。如果你的父母看见你这样就开始批评你，你就说只要他们保证不再穿得像个12岁的孩子一样，你就把衣服换掉。"

艾哈迈德（12岁）："我的父母穿得好像两位老人家。如果他们穿得年轻一点，我就很喜欢了。"

艾莉泽（10岁）："把他们所有的衣服拿给裁缝，让人家把衣服改小一点，这样你就可以穿了。"

* 羞耻 *

你好啊，亲爱的艾斯特！

听起来你因为爸爸妈妈的不当穿着而感到羞耻。羞耻感是一种当人们偏离事情应有的状态时的感觉。你的父母通过与众不同的穿着打扮来吸引别人的注意，他们的做法偏离了正常情况。

你可以因为自己感到羞耻，也可以因为一个和你有关系的人而感到羞耻。比如，班上的同学都穿着时髦的鞋子，而你是唯一一个穿着旧鞋的人，这种情况下你可能就会感到丢脸。又或者你会在你爸爸的鼻子上长了一个丑陋的大痘痘的情况下感到丢脸。当你四五岁的时候，就开始有羞耻感了。你会意识到什么是正常的，而什么并不正常，以及别人是如何看待你的。说出来可能让人觉得挺糟糕的，但孩子特别容易产生羞耻感。孩子希望父母的所作所为最好是和其他人一样，不要那么特别。试着把你自己放在爸爸妈妈的立场上想一想吧。他们希望看起来更年轻是可以理解的，事实上当下许多人都有这方面的困扰。许多妈妈都想让自己看起来更加年轻一些，她们有"40岁就是新的30岁"之类的说法，有人甚至会因为害怕长皱纹而去注射肉毒杆菌。许多人认为，只有永远保持青春和美貌，才能取得成功或者维持自身的魅力。但也有可能你的父母只是拥有自己的穿衣风格，并且没有感到羞耻——他们不在乎别人怎么看,只是开心地做自己。如果是这样的话,那么你应该为自己拥有如此时髦的父母而感到小小的骄傲呢。

饱含爱意的问候!
斯汀娜和弗朗克

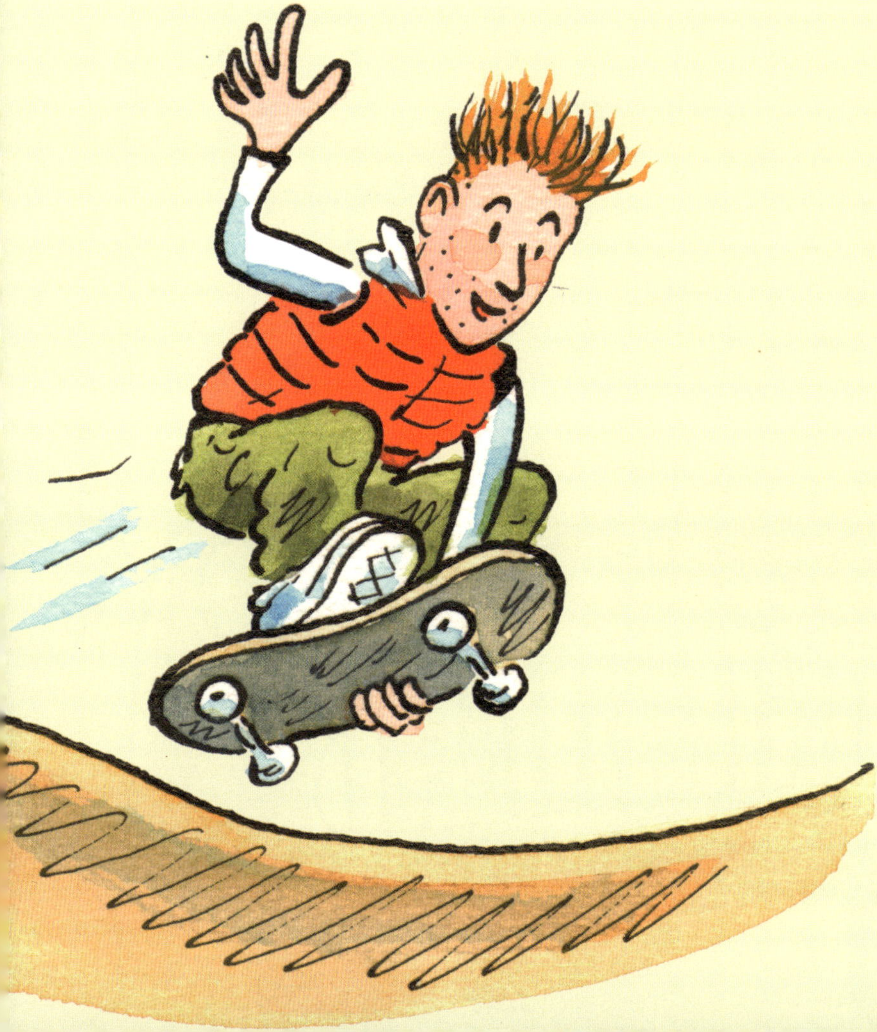

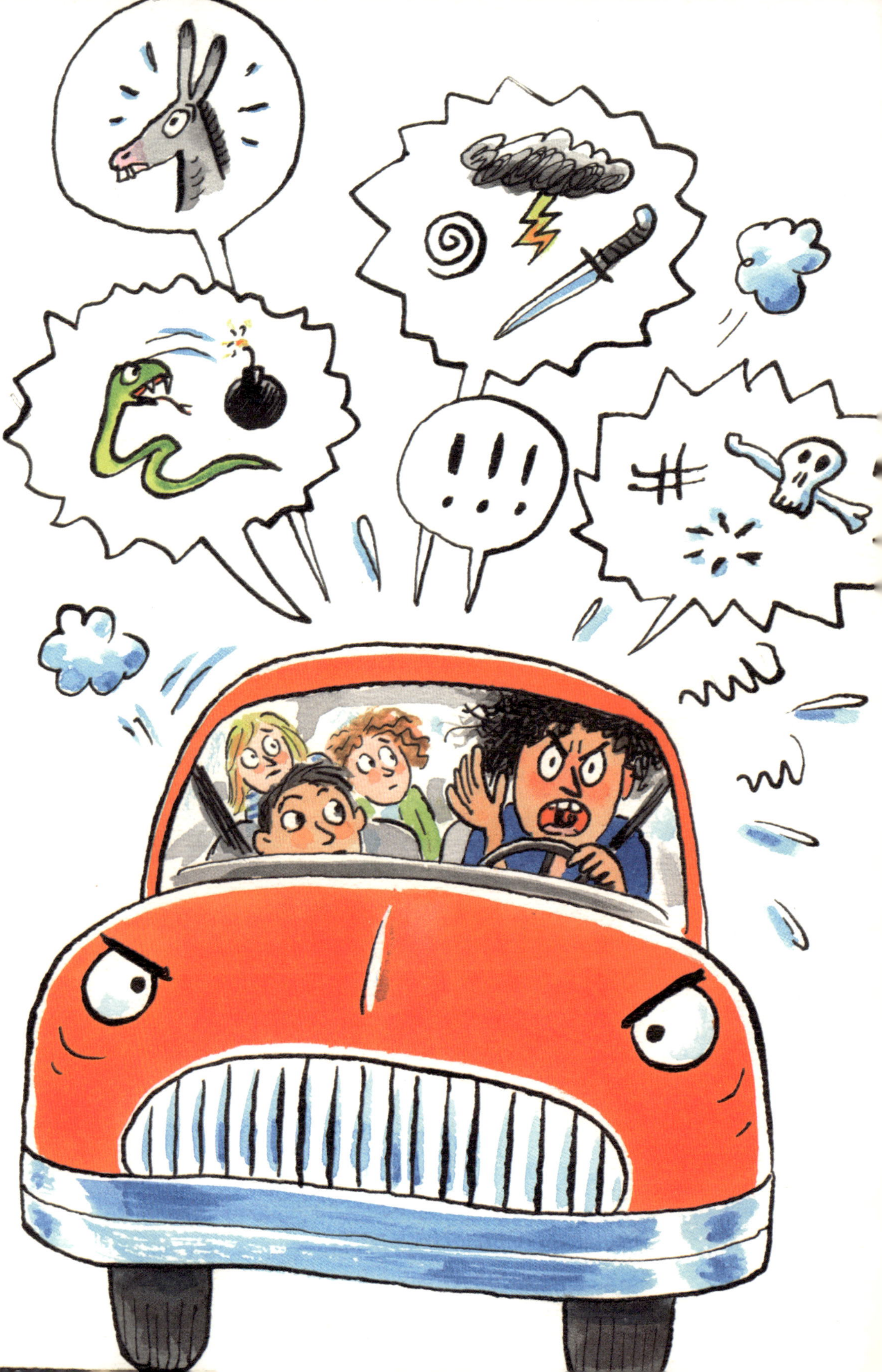

10. "不停说脏话"的父母

父母心理画像：路怒症，不正确的期望

"浑蛋，别挡着路！"真的，真有这种事哦——说脏话的父母。他们可能并不总是这样，但他们在某些情况下的确会这样，比如在开车时。有些人甚至还会诅咒别人患上非常糟糕的疾病或是被判处死刑呢。即便你不想听也能全听到。可笑的是，许多这样的父母都会告诉他们的孩子"不许说脏话"……

问题

★ 你的父母有没有说脏话的时候？他们在什么情况下会这样，具体又说些什么呢？

★ 你认为可不可以说脏话呢？什么时候可以，什么时候又不可以呢？

★ 你的父母说脏话的时候，你会感到很烦吗？

别人家的孩子是这么说的

杨（12岁）："你也一直不停说脏话，这样你的爸爸妈妈就会注意到这样有多么令人讨厌了。"

艾莉泽（10岁）："在你的爸爸或妈妈开车说脏话的时候，把它录下来，过后拿给他们看一看或听一听。他们肯定会吓一跳的。"

维多利亚（8岁）："问问你的爸爸妈妈，他们可不可以不说那些脏话，要说就说些好话'你注意到了，真不错'或者'你让我先走可真好'。他们每次说好话的时候，你就可以给他们一点好吃的，以此来奖励他们的良好行为。所以在车上放一袋糖吧，好用它们来发放奖励。"

托马斯（9岁）："我爸爸有时也会说脏话，这时候我会立刻把车里的音乐调得很响，这样就听不见他骂人了。有时我还会很大声地跟着唱，然后他就立刻明白说脏话不好了。"

＊ 苏格拉底式对谈 ＊

如果你的父母总是说脏话，那么现在是时候和他们好好地谈一谈了。哲学家把一种谈话方式称作"苏格拉底式对谈"。苏格拉底是一位哲学家。对比直接把一切思想观念都告知人们的方式，他试图用向人们提问题的方式来传道授业。他认为，大多数人在内心深处其实都知道是怎么回事，只是还没有适当地将它们表达出来。那些在方向盘后面骂人的家长就属于这种情况。在内心深处，他们知道自己不应该这样"口吐芬芳"，但他们对自己略去了这一点。因此，在这样一场苏格拉底式对谈中，与其告诉父母别说脏话，不如去试着提出恰当的问题，好让他们自己回答。

你可以先对某件事情大飙脏话，然后就从这里入手。如果你的父母说"不许这样"，你就可以问："为什么不许？你认为说脏话不好吗？"你的父母可能就会回答"是的"。那么你就可以继续问："说脏话一定是不对的吗？"然后你的父母可能会再次回答"是的"。"好吧，"于是你说，"那么在车上说脏话也是不对的喽？"这时你的父母就会明白他们中了你的圈套，但事到如今也回不了头，只能再次回答"是的"。"那你对自己经常在车上说脏话这一事实有何看法呢？"这可以是你的下一个问题。你的父母可能不会马上回答，但如果你再追问几句，他们应该就会这样说："我觉得自己在车上说脏话不好，但同时我也发现自己很难不骂人。"这时候你就可以提供一些帮助。比如你可以和父母说好，他们每次一说脏话，你就给他们一个信号。这样一来，你的父母就对自己的这个习惯有所意识，慢慢地就能够把它改掉了。

祝你的苏格拉底式对谈一切顺利！
斯汀娜和弗朗克

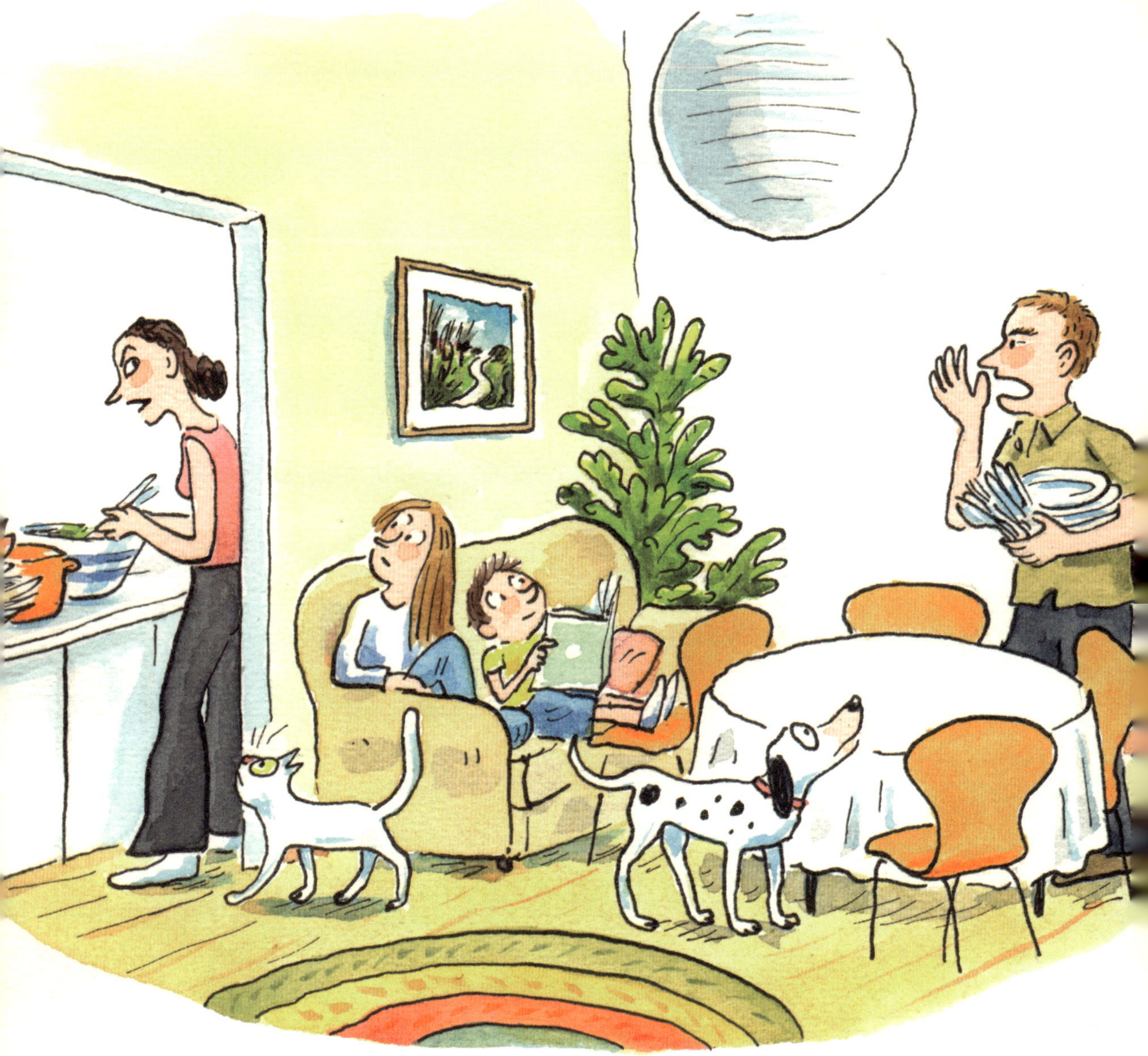

11. "争吵不休"的父母

父母心理画像：压力综合征

亲爱的斯汀娜和弗朗克！

关于该谁洗碗、该谁带我弟弟去睡觉、该谁去买菜等，我的父母争吵得特别频繁。我真希望他们能对彼此好一点。我们去度假的时候就什么事都没有，可是，只要一回归日常生活，就开始不对劲了。可笑的是，当我和弟弟吵架的时候，他们就会立即对我们喊"不许吵架"。这些争吵真的很让人讨厌，对此我可以做些什么呢？你们有什么妙招，让我可以教教我的父母如何更好地相处呢？

感谢并祝福！
12岁的毛德

问题

★ 你的父母有时会争吵吗？他们为什么吵，而你又会做些什么？

★ 你对他们的争吵有什么看法？

★ 你曾经为此担心过吗？

别人家的孩子是这么说的

杨（12岁）："我的父母有时也会争吵。我是不会干涉的，那是他们自己的事。一旦他们开始吵架，我就回我自己的房间。"

顿娅（13岁）："自从我在家里能多帮上一点忙以后，我的父母就吵得比较少了。"

艾哈迈德（12岁）："我的父母很久以前就离婚了。他们确实是不再吵架了，但他们也不怎么见面了。"

普克（10岁）："我的父母经常争吵，还跑来问我谁对谁错。我从来不确定自己应该说些什么。"

家庭分工

你好啊，亲爱的毛德！

爸爸妈妈的工作已经相当繁忙了，而且他们还要照料家里的各种事情，这一切他们必须两个人共同安排。以前（大约50年前），这种分工安排是比较明确的——在工作日去上班的都是父亲，而母亲则留在家中照顾孩子，保持家中整洁。到了现在我们所处的时代，情况变得更加有趣一些了，因为任何事情父母双方都可以做。他们完全可以自由决定如何去分派角色：父亲可以在家照顾孩子，母亲也可以外出工作。但正因如此，在当今时代，情况变得更加复杂了，这些角色不再那么固定，所以谁要做什么并不总是那么清晰。这就导致了你父母的情况——关于谁应该做些什么，他们争论不休。可能他们工作都很忙，所以额外的家务就总有诸多不便。而在度假的时候，你们既放松又有时间，所以一切就都很好。

那么，你又能做些什么呢？关于谁在家要干什么，你要想办法让他们达成清楚的协议，这样他们就没必要为了这个争吵不休了。比如每周来一次家庭成员的全体会议。这个会议时间不长，由你来主持。去问问爸爸妈妈，未来一周家里有哪些事情需要做。把它们整齐地写下来，然后就开始分配任务，在每件必须完成的事项后面写上你父母其中一人的名字。顺便说一句，你和弟弟也可以承担一些小的家务。确定每个人都把自己的任务写进了日程表或者家庭计划表之后，会议就可以结束了。

等到下周会议的时候，首先讨论上周任务的完成情况，然后再划分新的任务。就这样继续下去，直到你们的家庭运行稳健为止。如果一切顺利的话，他们之间的争吵会越来越少的。

家庭和睦，一切顺利哦！
斯汀娜和弗朗克

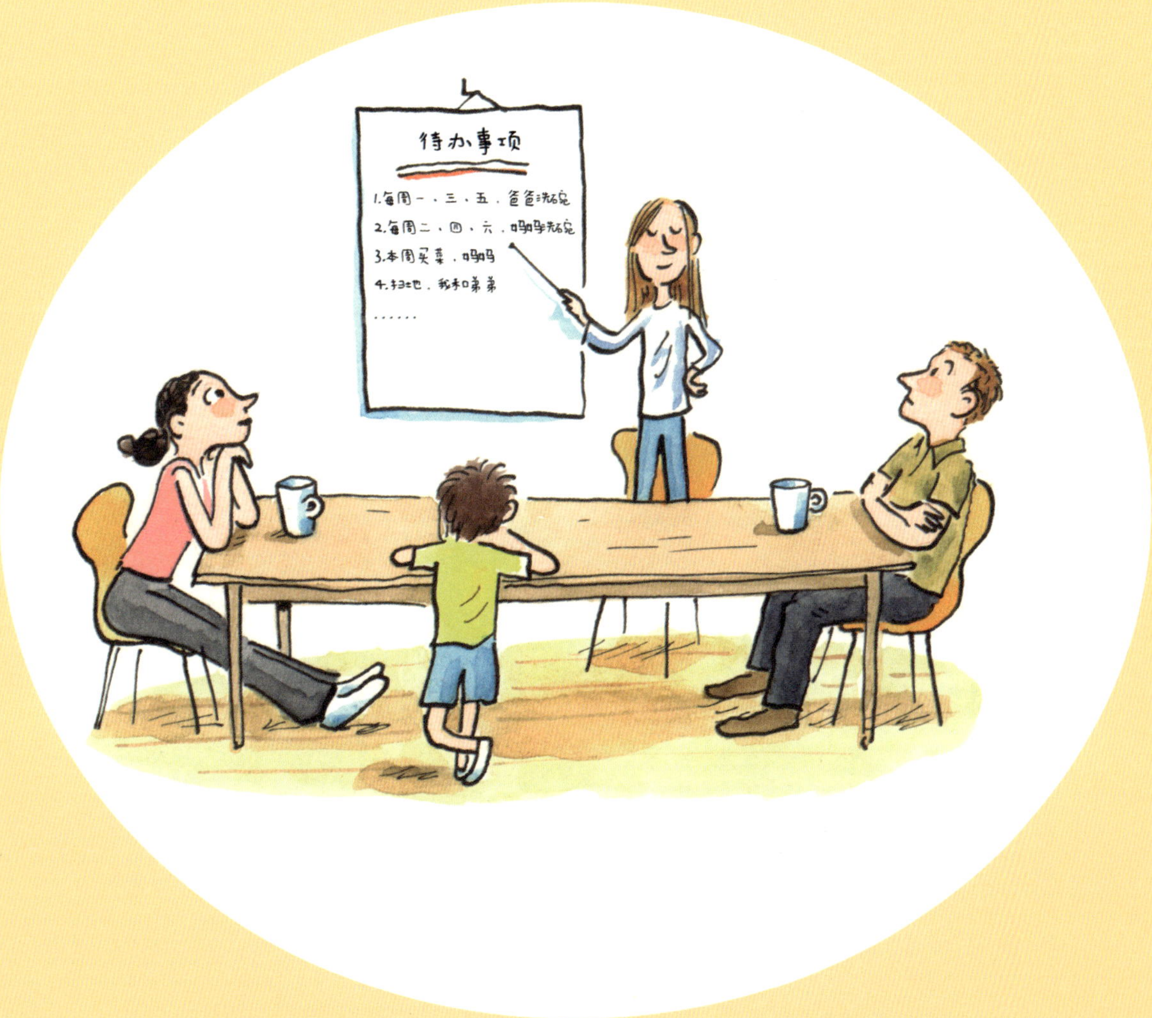
待办事项
1.每周一、三、五，爸爸洗碗
2.每周二、四、六，妈妈洗碗
3.本周买菜，妈妈
4.扫地，我和弟弟
……

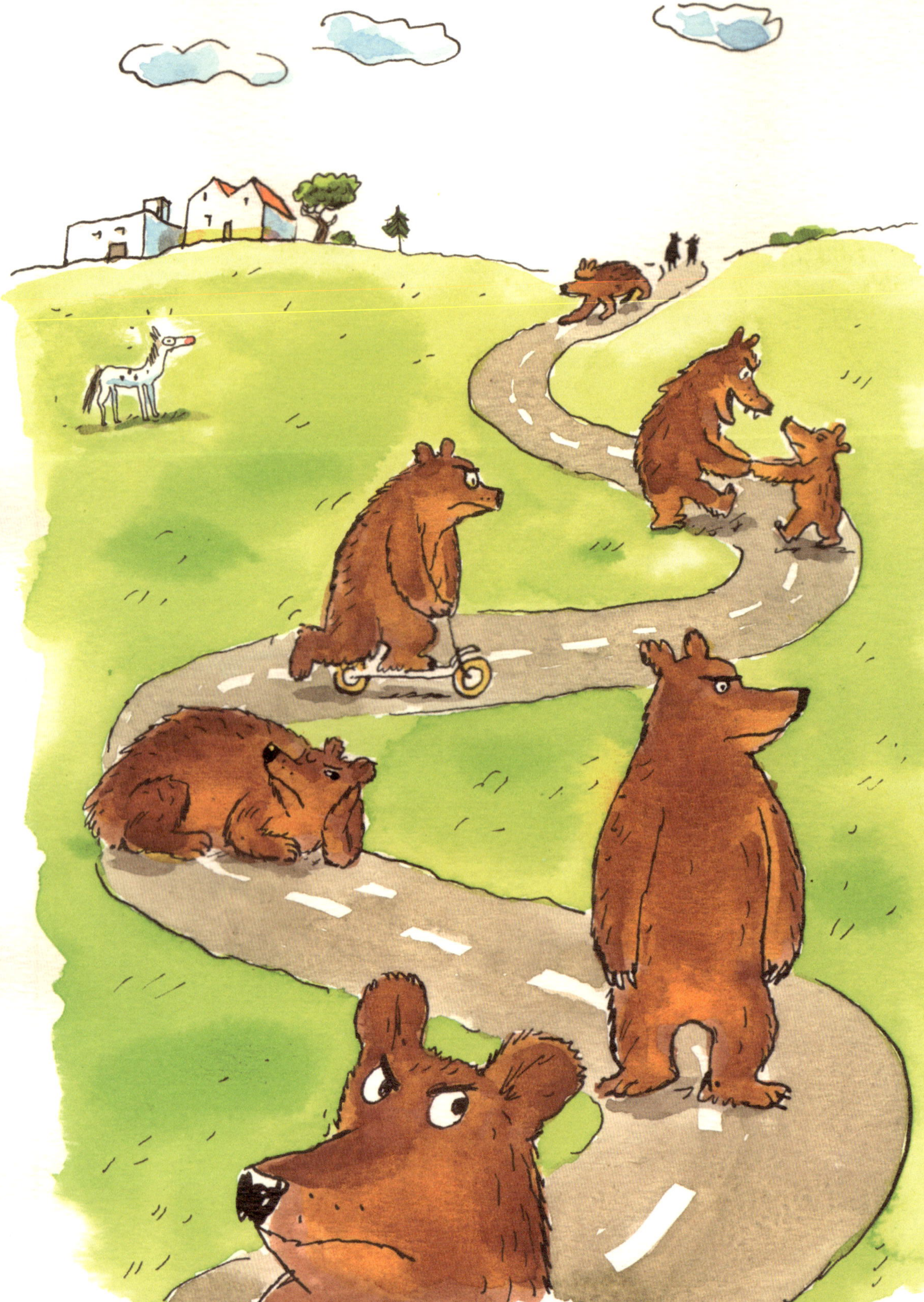

12. "不懂享受"的父母

父母心理画像：快乐有罪，人生无常

你看过电影《男孩瑞吉》（De Boskampi's）[1]吗？里面有一位非常老实的父亲。他是个上班族，总是穿着棕色的衣服，每天都吃同样的东西，而且从来不去度假。他没有女朋友，本来家里还有个老母亲，如今也去世了。他过着你可以想象到的最无聊的生活。你听过"前怕狼，后怕虎"[2]这句俗语吗？有些人就是这样的，认为到处都是危险，其实危险可能根本就不存在。电影中的那位父亲就是如此。而他的儿子却梦想拥有一位充满激情的父亲——他无所畏惧，能够享受生活，一个……黑手党头目！他希望父亲就是那种在学校操场上叱咤风云、经历过惊险刺激的旅行、有一个美艳的女朋友的人物，而且还知道怎么把房子装饰得很酷：要有大鱼缸，还要有真皮沙发……

问题

★ 你的父母是枯燥乏味的还是富于冒险精神的呢？

★ 你的父母乐于享受生活吗？如果乐于享受的话，是如何享受的呢？

★ 你的父母有没有"前怕狼，后怕虎"的时候？

---

[1] 一部 2015 年出品的荷兰儿童电影，讲述的是一位少年谎称自己的父亲是一位意大利黑手党头目的喜剧故事。——译者注

[2] 在荷兰文中，与中文的"前怕狼，后怕虎"意义相同的俗语为"beren op de weg zien"，直译为"在路上看见熊"，因此这一章节的插图画了很多熊。——译者注

别人家的孩子是这么说的

伊娃（8岁）："如果你的父母很乏味，那么你就自己精彩起来吧。给他们来一个惊喜早餐，真正的享受型早餐：有草莓，有巧克力，再加上一朵鲜花！"

达赫玛（11岁）："我妈妈总是在做令人兴奋的事情，因为她是一名攀岩教练。一到夏天，她就想去爬山，还总是要拖着我去，但我只觉得很可怕。我希望她更多地待在家里，只要喝喝茶就行了，而不是去做那些很酷的事情。"

* 享乐主义 *

有些父母更善于活在当下。他们是那种全力以赴的人，因为人生苦短嘛——还没等你反应过来，可能生命就结束了；而你除了水煮土豆以外，可能别的什么东西都还没吃过呢。古罗马诗人贺拉斯告诫人们：生命飞逝，所以要采撷今日。古希腊哲学家伊壁鸠鲁也是这样认为的，他是一名主张享乐主义的哲学家。享乐主义意味着你想要享受生活。顺便说一下，伊壁鸠鲁所主张的享乐主义并不是让你一下子来个大撒手——整天都去新的餐馆里胡吃海喝，把所有新出的东西都买下来，或者每天都做出一个新的假期安排，不享受不罢休。不是这样的，你要做的是在自己的生活中留出享受的时刻，因为如果你一直都在享受的话，那么享受也就完全谈不上是享受了。

然而，有些人还是觉得享受生活很困难，这可能是因为从小受到的教育告诉他们：享乐主义是有罪的（坏的）。但有时候，人们之所以会担心，可能是因为他们在生活中经历过很多，比如突然有一天失去了工作或摔断了腿，而这可能就会对生活造成沉重的打击——这些他们都见识过了。又或者他们可能有点害怕：如果开始更多地享受生活，那么接下来会发生什么？有意思的是，这也可能会令人兴奋。接着他们可能就想要所有的事情都有所保障，但事实是，你不可能给生活中的所有事情都上保险，更何况那只会给你带来表面上的安全感。

此外，还有人说，我们生活在一个"风险社会"，我们实际上是在不知不觉中计算着生活中的一切：我们做每一件事都会考虑风险。因此，如果你有"前怕狼，后怕虎"的父母，你就需要教他们一点享乐主义哲学。享乐主义哲学家也提出了各种练习和建议，可以帮你学会更多地去享受生活。就从小事情开始做起吧：偶尔和爸爸妈妈去吃个冰激凌啦，去饭店吃个饭啦，把水煮土豆换成炸薯条啦，等等。就这样让生活一点点地变得越来越疯狂吧。

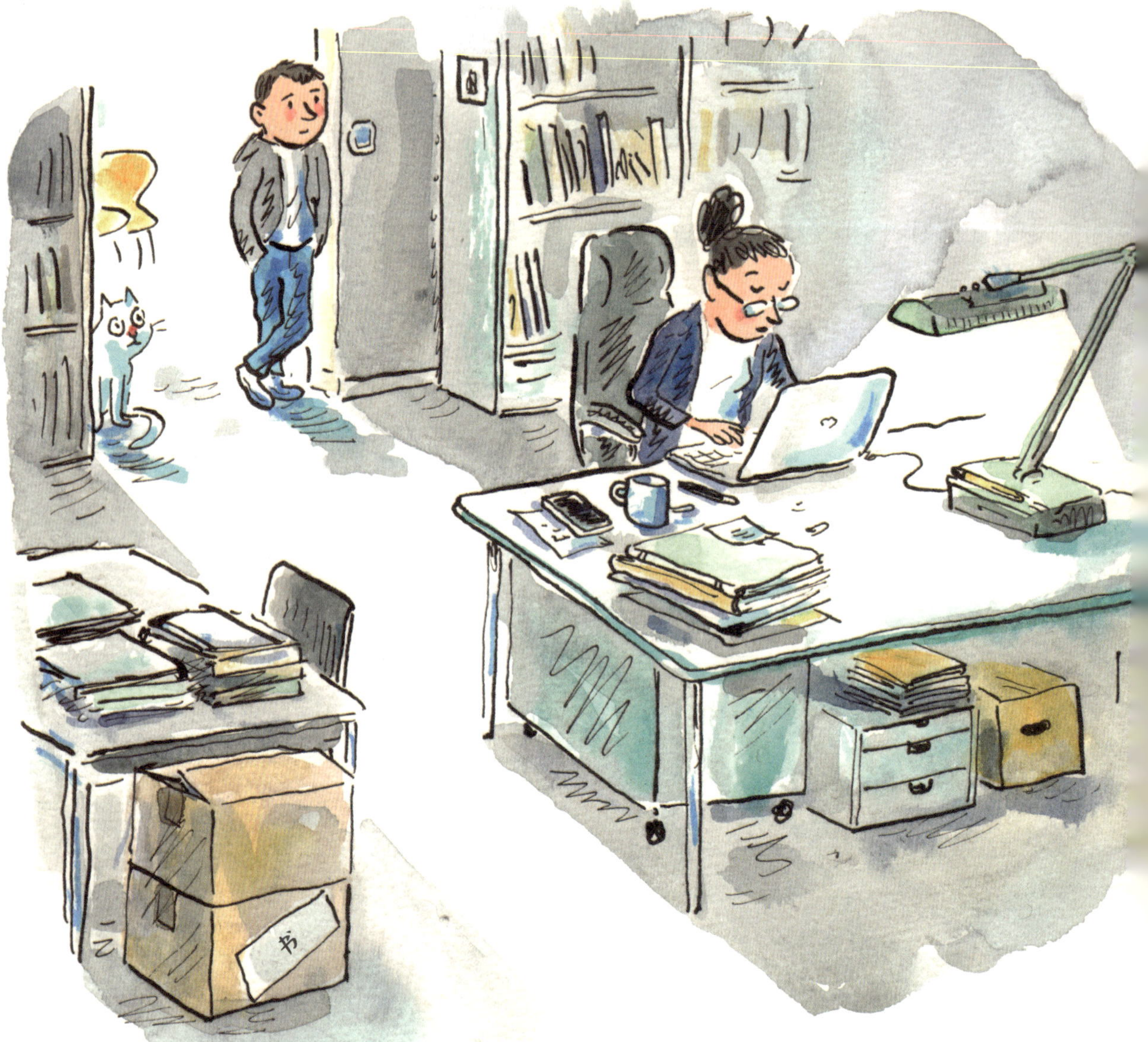
书

13. "工作狂"式的父母

父母心理画像：完美主义，追求卓越

亲爱的斯汀娜和弗朗克！

我的妈妈总是在工作。她的工作非常重要，她参与了一份周刊的创建，而且还是主编，所有的稿子都要她来审读。不仅如此，由于这份周刊面向高知群体，所以订阅的数量并不多，这样她就不得不加大工作量。因此她压力很大，生怕哪一天老板会因为杂志赚不到钱而把它给停了。她常常坐在那里工作到很晚。我跟她说她该去睡觉了，因为顶着两个大眼袋的她看起来不漂亮，而且她这样永远也找不到新丈夫。她不需要一个新的丈夫，她这么跟我说，因为她已经嫁给了自己的工作。行呗，那就好！我怎样做才能让妈妈不一门心思都扑在工作上呢？

12岁的斯图尔特

问题

★ 你的父母工作辛苦吗？

★ 他们一周工作多长时间呢？

★ 在你看来，父母的工作时间太长了、刚刚好还是太短了？

★ 你认为他们工作的时候是乐在其中的吗？

★ 他们在工作中有没有非常疲劳的时候？你是从什么地方看出这一点的？

别人家的孩子是这么说的

维多利亚（8岁）："每次你妈妈说她想要和你做一些有趣的事情的时候，你一定要说不，因为你还有作业要做。这样你就能让她也感受一下这是什么滋味了！"

哈娜（10岁）："也许你可以将自己代入她的角色，并且提议召开一次家庭会议。在会上，你们可以约定一起做更多有趣的事情，还有她什么时候可以在周末和晚上工作。"

✲ 劳动力资本 ✲

亲爱的斯图尔特！

你的妈妈是一个广为人知的问题的受害者——她已经变成工作的奴隶了。然而，努力工作的人也需要休息和放松。勤奋工作本身并没有错，但也要和生活平衡才行！对于太过努力工作这一点，著名的德国哲学家卡尔·马克思已经发出过警告了：如果我们不小心，我们都会沦为生产力的齿轮。的确，很多时候人们被激励着更加勤奋地工作。在这种情况下，商店常常营业到很晚，甚至一天 24 小时都营业；包裹的投递速度越来越快，因为商店和公司总是想要成为最好和最快的那个。可能你的妈妈也在担忧，因为是她在赚钱养家，她担心如果工作没了，那就会很容易出问题。

　　一些成年人就是这样压榨自己的：他们疲惫不堪，因为工作多到做不完……你的妈妈也在为她主编的杂志奋斗着，她肯定也写过各种各样的好稿子。因此，你应该告诉她你为她感到骄傲，但如果她再继续这样下去的话，她很快就会把自己累垮的，而她主编的杂志也必然会受到影响。不得不承认的是，大多数人不会在临终之前说这样的话："哦，我多希望当时能多做一些工作啊。"相反地，大多数人会说："我多希望我没有那么努力地工作，而是花更多的时间与我爱的人在一起啊。"

让她放松放松吧！
斯汀娜和弗朗克

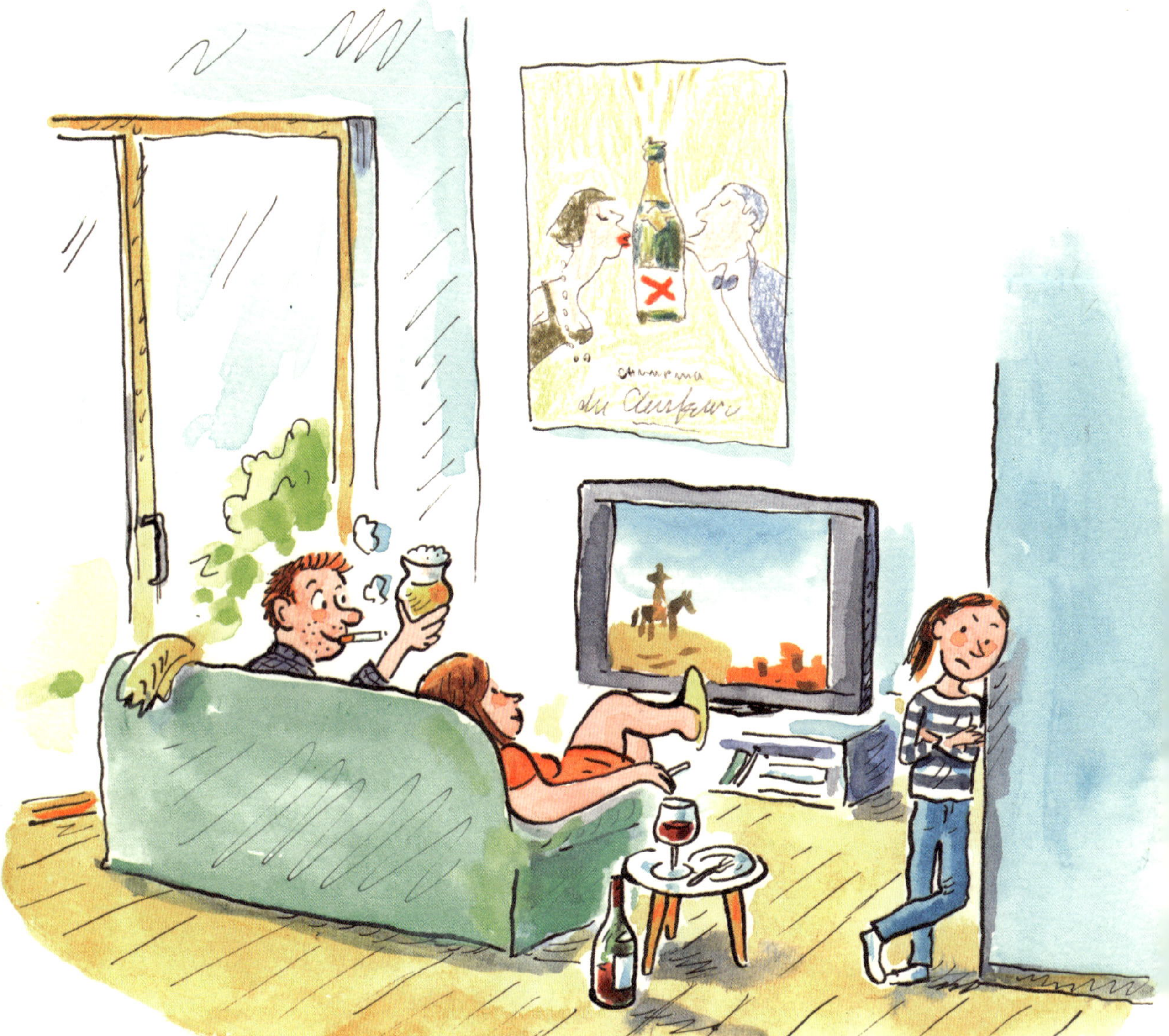

14. "过犹不及"的父母

父母心理画像：纵欲主义，不懂节制

你知道著名的童话故事《玛蒂尔达》（罗尔德·达尔著）中的那对父母吗？他们的生活方式非常不健康。他们总吃炸薯条，整天把各种零食往嘴里塞，最喜欢的活动是赖在电视机前看电视，当然抽烟是免不了的……他们认为自己是在享受生活，不过这可不是什么健康的生活方式……

问题

★ 你父母的生活方式健康吗？他们有时会喝酒吗？他们吸烟吗？他们每天吃很多蔬菜吗？他们会做运动、锻炼身体吗？他们每天都吃水果吗？他们外出是经常开车还是经常骑自行车？

★ 你愿意生活得更健康一些，还是不那么健康呢？

别人家的孩子是这么说的

泰斯（12岁）："我妈妈经常做瑜伽，而且还是名素食主义者。我爸爸却十分中意肉和啤酒。他们的生活方式不是那么合拍，有时候这也会让我感到困惑：我应该学谁的生活方式呢？"

迪昂（11岁）："我爸爸酒喝得太多。喝酒当天，他的确很快活，但到了第二天他可就一点也不和蔼可亲了。我希望他不要再喝酒了。"

✳ 中庸之道 ✳

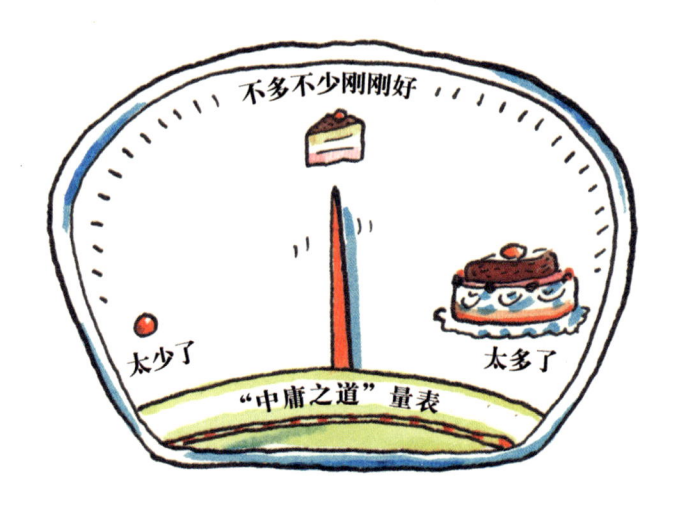

听说过中国文化中的"中庸之道"吧？其实，西方哲学中也有类似的表述。古希腊哲学家亚里士多德将幸福称作"生命的意义和目的"，因此人们必须努力地去争取幸福。在他看来，幸福是通过培养美德来实现的。美德指的是良好的品行，比如勇气或节制。

这种美德也是符合中庸之道的。勇气是懦弱和莽撞之间的"中庸点"：如果你很懦弱，你就几乎什么都不敢做；而如果你很莽撞，你就几乎什么都敢干。假如你几乎什么都不敢做的话，那就不好了——因为你永远也做不了有趣、刺激的事情，或者在别人有危险的时候你也不敢帮忙。可是假如你几乎什么都敢做的话，那样也不好，因为那可能非常危险。勇敢的人是既不懦弱也不莽撞的，他知道这两者之间的中庸点。

　　节制是另外一种美德。这种美德是你在喜欢的事情上——比如吃好吃的、喝酒、睡觉——做得太多以及太少之间的中庸点。那些生活方式非常不健康的父母没有很好地培养节制的美德。他们毫无节制，也就是说他们纵情享乐。他们可能认为这样非常地享受，因此很幸福，但要让亚里士多德来说的话，情况并非如此。根据他的说法，享受的最好方式是既不要太多，也不要太少。蛋糕很好吃，可如果你一下子吃掉一整个蛋糕的话，你会感到恶心，继而你就不会感到幸福了。因此相较而言，只吃一块蛋糕要好得多，你也能乐在其中。这就是节制，是处在太多和太少之间的中庸点。如果你知道如何找到这个点，你就可以得到最佳的享受。而面对那些自认为"生活享受家"却生活得非常不健康的父母，你必须向他们解释，如果他们知道如何保持中庸之道，就能够更加幸福、更好地享受生活。

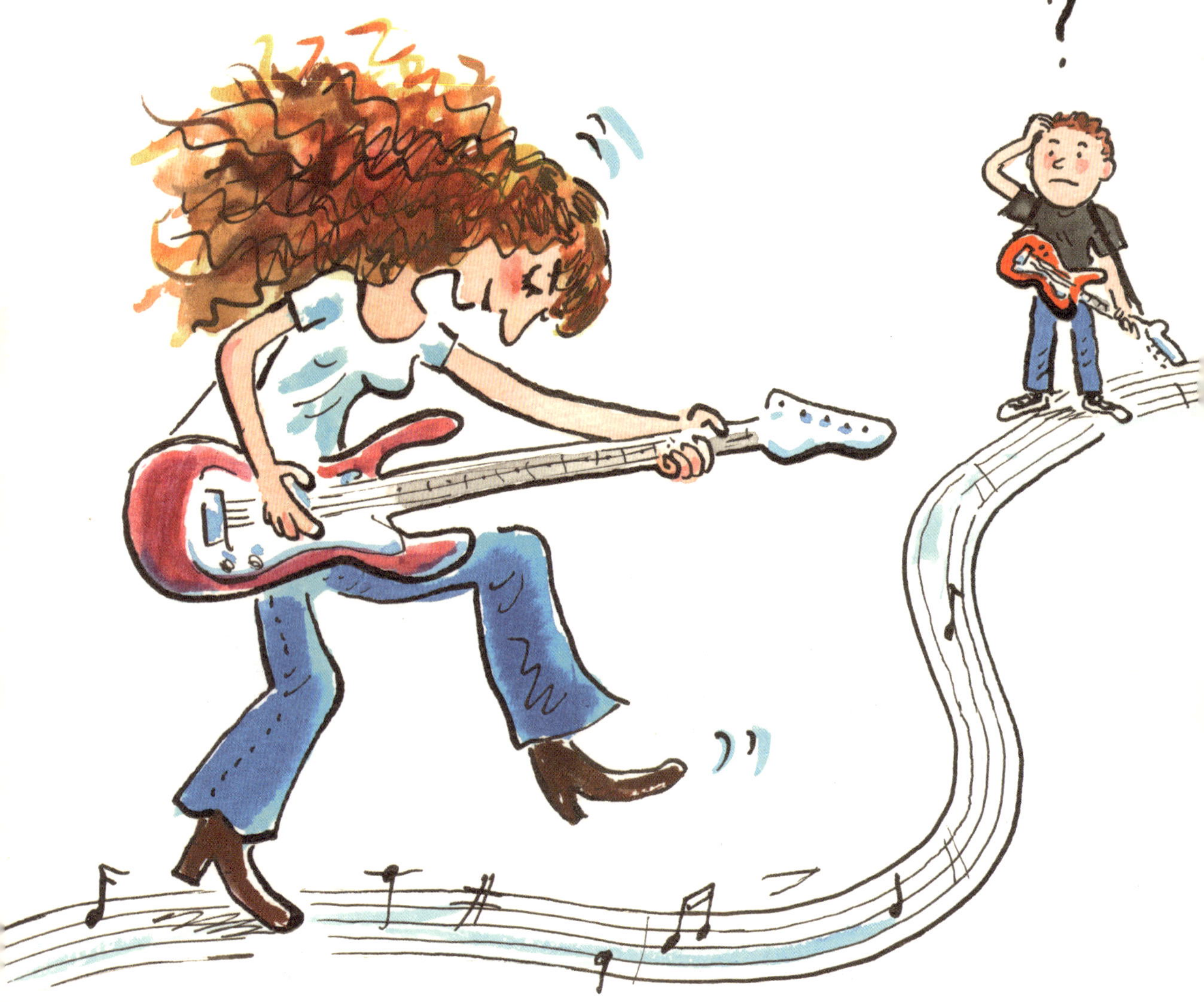

15. "长不大"的父母

父母心理画像：补偿心理，想在孩子身上补回自己的童年

亲爱的斯汀娜和弗朗克！

我已经上了两年吉他课了，虽然我觉得有意思，但我主要是为了妈妈才去的。在她小时候，她的父母从来没有让她学过乐器，而这令她感到很遗憾。如今她报名和我一起上课，而且还总想两个人一块练习。她常常对我说，如果我们再继续这样练习一段时间，就可以去表演了。在我看来，她真的认为自己能成为一名摇滚吉他手，但我发现她比我还没有天赋。她弹的曲子听起来非常糟糕。这对她来说挺不幸的，因为她真的弹得好开心。难道她就听不出来自己弹得乱七八糟吗？我是应该告诉她实情（她年龄大了，也没天赋），还是让她继续沉浸在自己的梦想里？我真的很矛盾。

10岁的托马斯

问题

★ 你父母的爱好是什么呢？
★ 你知道他们过去的梦想和最想做的事是什么吗？那个梦想实现了吗？
★ 你的父母有没有干涉你的爱好和梦想呢？

别人家的孩子是这么说的

薇乐曼（12岁）："我倒是很想去上吉他课。我已经问过我父母好几次了，他们却对此一笑置之。如果你自己喜欢，而且你的妈妈还每天都和你一起练习，要是我的话，我还乐得如此呢。"

普雷西拉（10岁）："我正在上鼓乐课。我觉得上课还挺好的，但练习就没意思了。自己一个人练很无聊，要是我的妈妈能和我一起练习，我反而还觉得不错呢。"

杨（12岁）："我爸爸今年41岁了，他参加了足球俱乐部。他踢得一塌糊涂，然而每当我放学回到家，他就已经拿着球在等我了。我更愿意和自己的朋友们踢球，该怎么告诉他呢？我难以启齿。"

* 道路即目标 *

亲爱的托马斯！

你知道有句话叫作"道路即目标"吗？当你骑车去上学的时候，学校就是你骑行的目标。有时你会和小伙伴一边骑车，一边热热闹闹地聊天，那么骑行本身也就有了很多乐趣。这样一来，上学的路其实也变成一种目标了。许多事情也都是这样的。当你画画的时候，可能你本来是计划着要画一些漂亮的东西出来，好挂在自己房间的墙上，这就是你一开始的目标。然而情况也许是，你虽然画得很开心，却并不怎么喜欢自己画出来的东西，于是便没有把它挂起来。那么你的目标就没有实现吗？

既有，也没有。

你一开始的目标没有实现，因为你并没有把自己的画挂在墙上，而是把它扔进了垃圾桶。不过回想起来，这里面还有另外一个目标，那就是享受绘画，而这个目标你实现了。因此，通往你的目标（挂在墙上的漂亮的画作）的道路（开心地作画），也是一种目标。现在有些人认为，对于生活中的许多事情而言，与其说重要的是结果，不如说是过程，也就是说"道路即目标"。与此同时，道路主要是因为目标而存在的。如果你不用上学，那么你就不会和同学一起开心地骑车；如果你根本就没想着要在墙上挂一张漂亮的画，那么你也就不会坐下来开心地画画。因此，正是这个目标使我们走上了通往目标的道路。

你妈妈的情况也是一样的。她的目标是成为一名优秀的吉他手。这是她的愿望，所以她才会为之努力。也正因如此，她在吉他学习上才获得了很多的乐趣。实际上，她需要这个目标（成为一个好的吉他手）来使她走上这条道路（练习弹吉他）。你认为她所关注的可能是这个目标本身，但实际上她关注的可能是和你一起开心地练习，而这可能才是她真正的目标。

因此，如果你也觉得和妈妈一起练习很好的话，你就让她继续她的梦想吧。她可能永远也不会达到目标，不过这没关系，因为通往目标的道路也是超级有趣的。你不需要告诉她这些，因为一个教育家并不需要透露他所有的教育技巧哦！

祝好！
斯汀娜和弗朗克

摇滚妈妈

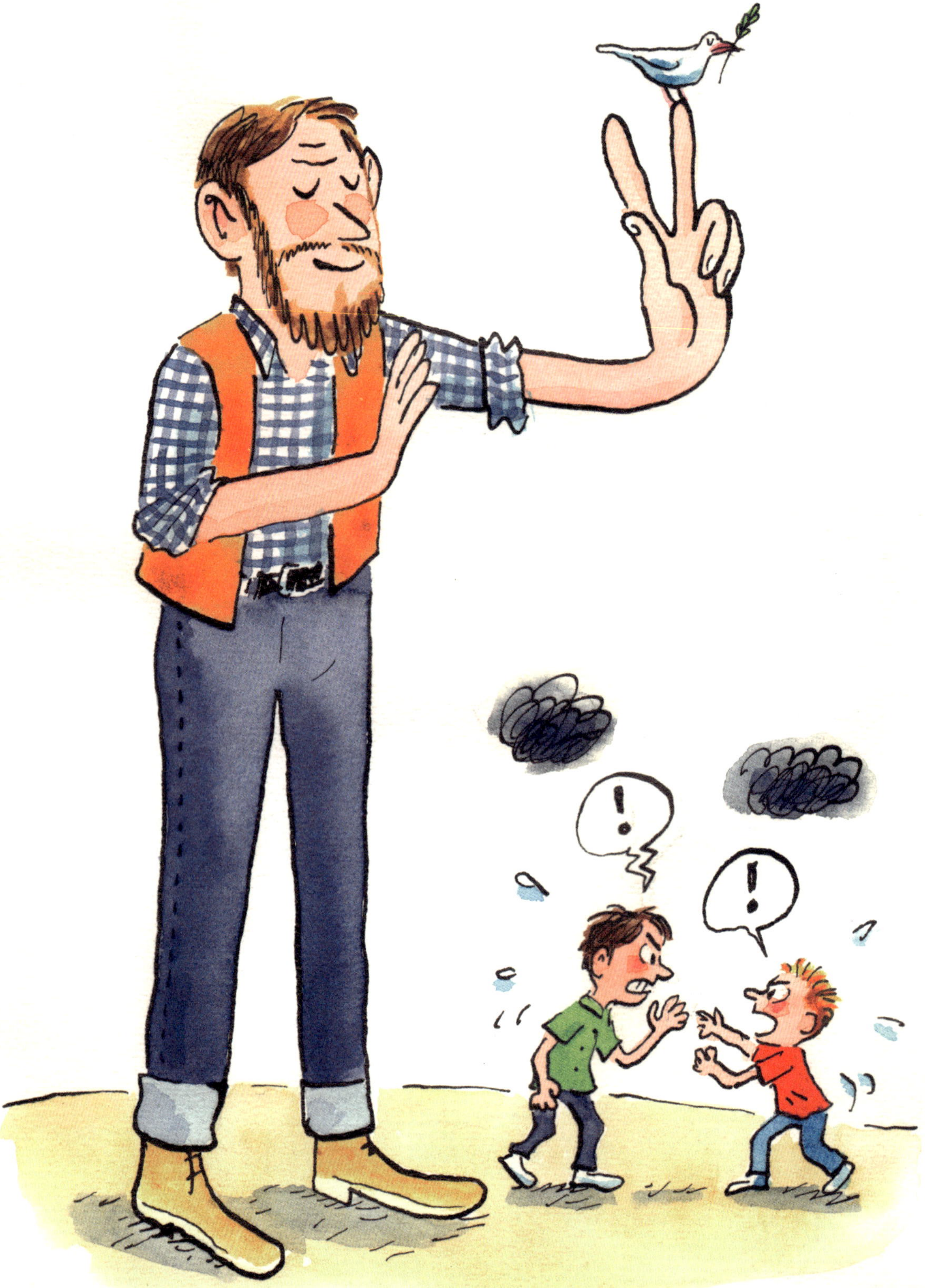

16. "老好人"式的父母

父母心理画像：和事佬，毫无原则

亲爱的斯汀娜和弗朗克！

我的爸爸是个老好人。他总是一团和气，从来不会和人发生冲突。我的弟弟这段时间非常顽皮，比如我们正坐着吃饭，他却过来把我盘子里的肉拿走了。爸爸明明看到了，却没有帮我出头。我很生气，但他说："孩子们，不要搞得这么难看。"他没有对我弟弟怎么样。他的所作所为一直都是一副"你们俩都有问题，每个人都必须表现得更好"的样子。最近，我想来个以牙还牙，于是我也拿走了弟弟盘子里的肉。爸爸看到了，我弟弟也生气了。然而爸爸还是没有发火，又开始说些"你们不应该弄得这么难看"之类的话。我明白爸爸想要保持和平，但他这么害怕起争执，这一点还是很让我恼火。

许多许多祝福！
12 岁的艾力克

问题

★ 你有没有那种老好人式的父母？

★ 你敢和自己的父母吵架吗？

别人家的孩子是这么说的

苏丝（12岁）："我的爸爸从来都不生气，不过我的妈妈可是会生气的。而且她经常对爸爸发火，而原因正是他从来都不发火。这种争吵可不那么有趣！"

汤姆（10岁）："争吵可以是件挺好的事，这样至少可以让你发泄出来。如果我是你，我就会去和你爸爸痛痛快快地来一场拳击比赛，而且还会故意激怒他，比如说：'你这个胆小鬼，来呀，出拳呀！'"

* 斗争即正义 *

嘿，艾力克！

"战争是万物之父，也是万物之王。"这句话出自古希腊哲学家赫拉克利特。在他看来，世间万物都是通过斗争而产生和灭亡的。因此，争吵并不完全是坏事，有时候也是好事。世界上的一切事物都有其对立面，它们相互对立，通过这种对立，新的事物可以被创造出来。所以这种对立实际上是有好处的，因为如果完全没有碰撞、冲突，就不会有新的东西产生，而一切也就会停滞不前了。

这听起来可能有点让人迷糊，不过涉及想法和意见，有时候还真是这样的。只要想想政界就知道了，那些来自不同政党的人，彼此之间的意见并不一致。然后他们开始辩论（你可以把它看作一种用语言进行的斗争），之后一些更好的想法便产生了。

你和弟弟之间的争斗可以带来新的想法，而你和爸爸之间的争斗，爸爸和弟弟之间的争斗，还有妈妈和你、弟弟、爸爸之间的争斗，也是这样。当然了，你的爸爸妈妈应该想办法让这些争斗不要变得太过分，这是他们作为父母应尽的责任。不过话虽这么说，他们还是可以时不时地让争斗进行一下的，或者偶尔表态评判，因为一有争斗就立即采取回避态度并不好。

所以你应该要做的，首先是把赫拉克利特的这句格言"战争是万物之父，也是万物之王"张贴在卫生间里。接下来你可以去和爸爸妈妈谈谈这个问题。他们或许就会意识到，如果想要成为合格的家长，有时候他们自己也要来几场"家庭战争"，而不是总保持表面上甜蜜的和平。

许多许多祝福！
斯汀娜和弗朗克

战争是
万物之父，
也是万物之主。

—— 赫拉克利特

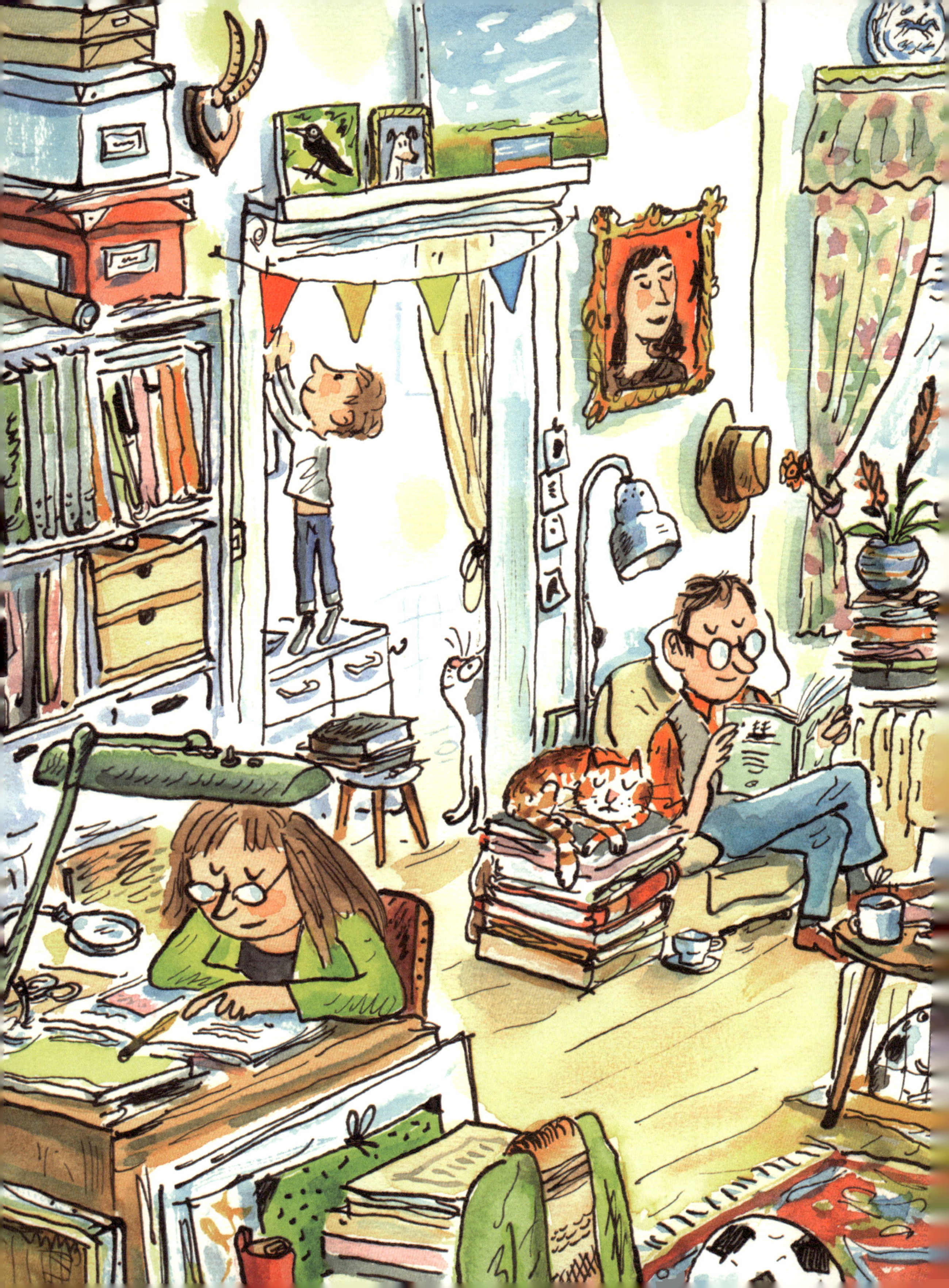

17. "乱糟糟"的父母

父母心理画像：灵魂丰盈，却疏于柴米油盐

亲爱的斯汀娜和弗朗克！

我家里总是一团乱。我的父母几乎从来就没有收拾过东西。他们看书看得很多，也把书到处乱放。他们自己说得眉飞色舞，说这是"一个扬·斯特恩家庭"[1]。然后我就想：那是谁？扬·斯特恩又不住这里。他们对自己的东西一点也不爱惜，比如他们会把手机随随便便地放在地板上。我们邻居家的女孩觉得这里非常舒适温馨，因为这里老是有什么事情发生，而且还有猫啊，狗啊可以摸。而我却更喜欢她家：整洁干净、井井有条。有时候我就自己动手收拾，好给他们树立一个榜样。但我也觉得很奇怪，不是应该反过来，由父母来告诉我要收拾东西吗？我应该怎么做呢？

许多许多祝福！
10 岁的史坦

问题

★ 你的父母喜欢杂乱无序还是整洁干净，又或是介于两者之间呢？
★ 在他们看来，收拾物品有多重要呢？
★ 你们家有什么整理规则吗？
★ 整洁干净对你来说有多重要呢？

---

1 扬·斯特恩（Jan Steen）是17世纪的荷兰风俗画油画家，以日常生活为主要绘画题材。他画中的许多风俗场面都极其活泼热烈，甚至达到了混乱的地步。由此诞生出一句荷兰谚语"一个扬·斯特恩家庭"，就是用来形容混乱的场景的。——译者注

别人家的孩子是这么说的

普雷西拉（10岁）:"我不明白你为什么还在为你的父母打扫卫生、整理东西。就由着房子又脏又乱吧,最好是到那种难以置信,连住都没法住的程度才好呢。到时候你的父母就不得不做点什么了。"

弗利茨（11岁）:"我们家也是一团乱,然后我就建议爸爸妈妈雇佣一位清洁工。现在清洁工每周来一次,但我们需要事先把所有东西初步收拾下,否则清洁工就没法好好打扫卫生。现在我们家里整洁多了。"

维多利亚（8岁）:"我会尽量多做一些家务,然后问爸爸要零花钱,这样我就可以快点攒钱买我最想要的外套了。"

a.

b.

c.

* 物质是思想的前提条件 *

史坦你好！

既然你的父母这么喜欢读书，那就应该让他们看看汉娜·阿伦特的《人的境况》一书。在这本书中，她表明了一种观点：所有那些被你父母随手乱放在地板上的物品，尽管它们的重要性可能不及美好的思想和爱的感受这些更高层次的事物，但它们仍然是这些更高层次事物的前提条件。实际上，是它们帮助我们去更好地思考和交谈。

就拿一本书来举例子吧。它是一件物品，是物质，但它里面却包含了各种各样的思想。所以这本书能帮助你去理解这些思想。如果你规规矩矩地对待它，知道在哪里可以找到它，那么就是很好的。或者拿一本笔记本来打比方吧。它也是一件物品，在那里你可以把自己的想法写下来，这样你就可以记住它们，日后还可以读给别人听。所以，在你要读出自己写下的那些美妙的想法之前，你需要知道那个笔记本在哪里。又或者一把椅子，它还是一件物品，如果你想要与他人进行一场高质量的长谈，那么在交谈的时候能坐在一张干净的椅子上就很好。就算你并不喜欢物质，而是喜欢（存在于书中的）

思想，你仍然需要这些物质来与这些思想接触。因此，最好还是让物质的世界有序些吧。

想办法让你的父母读一读这本书吧，让他们了解，就算他们更看重思想和想法，物质也是十分重要的。

许多许多祝福！
斯汀娜和弗朗克

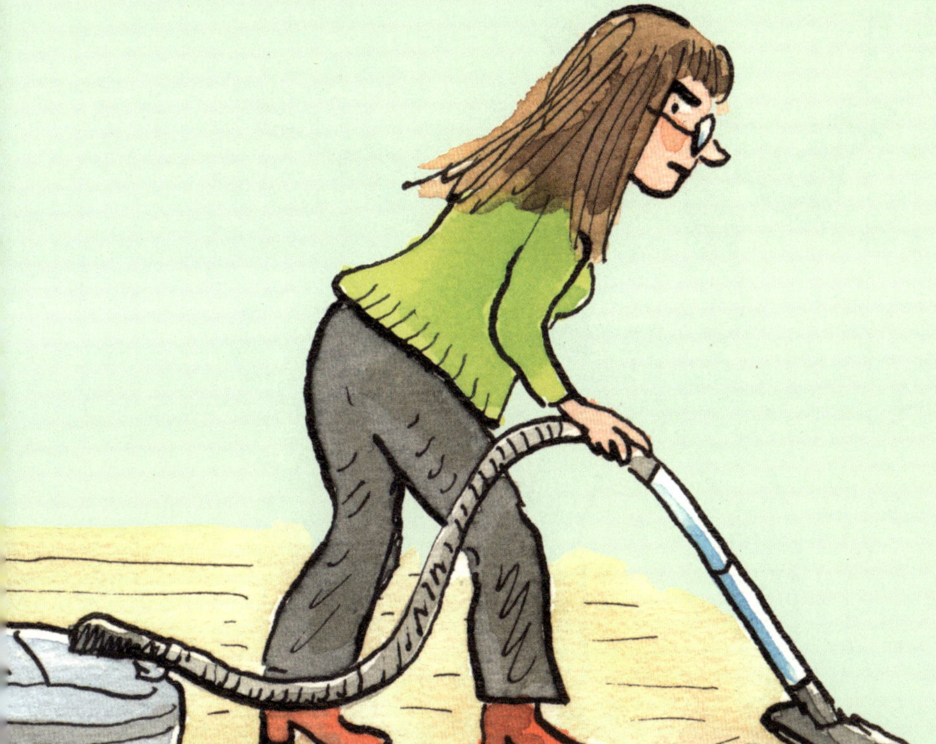

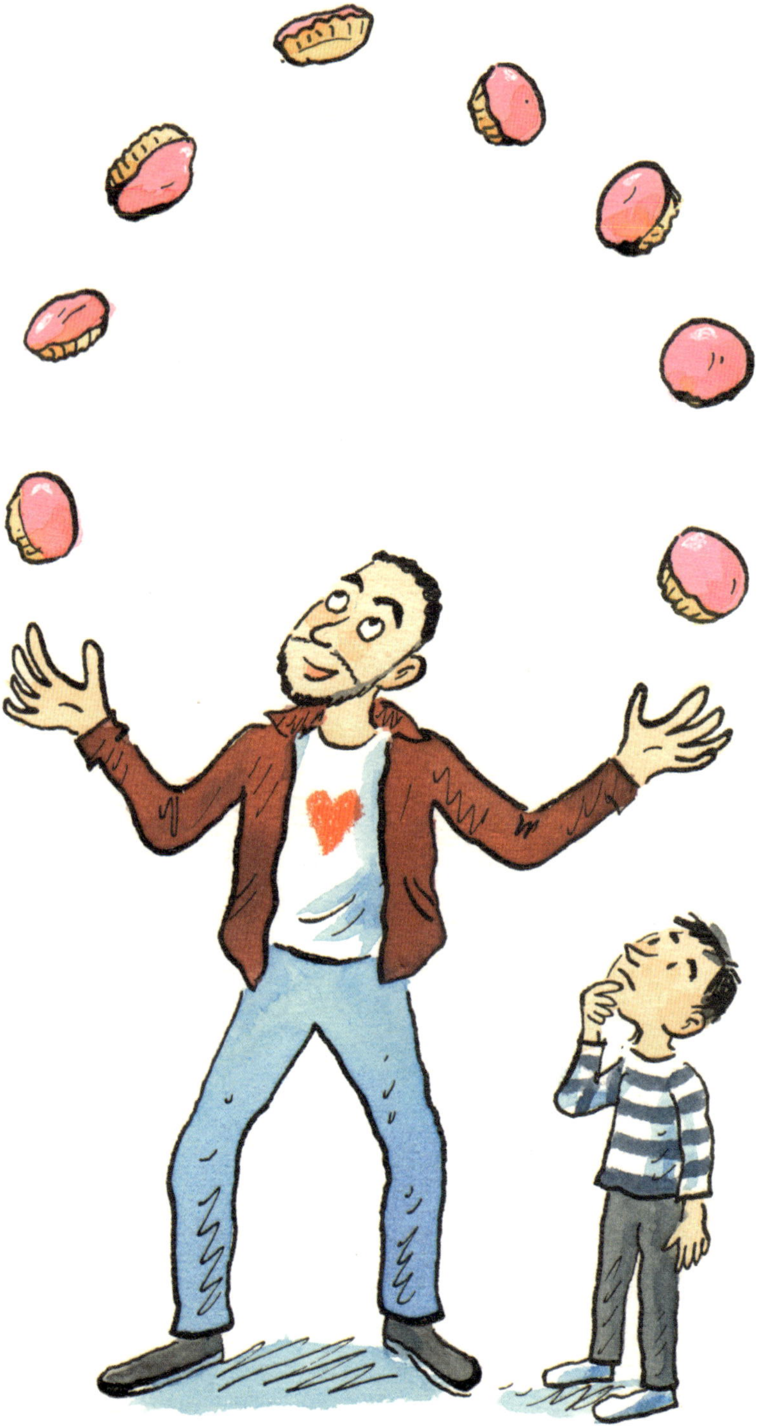

18. "太过热心"的父母

父母心理画像：热情满满，却总是做不对

亲爱的斯汀娜和弗朗克！

我的父母对我简直好得不能再好了，但他们总是做不到点上。我应不应该告诉他们呢？我觉得要是说出来会让他们伤心，可如果不告诉他们，他们就会继续错下去。比如最近的一次，爸爸开车来接我放学，我们本来是要去参加一个帆船展的，因为我俩都非常喜欢帆船。他特意买了粉红色的小甜饼，并把它们藏在外套底下，对我说："猜猜吧，我给你带什么好东西来啦？"然后他就把小甜饼从外套底下拿了出来。他这样做当然很贴心，唯一的问题是，我已经告诉过他很多次了我并不喜欢粉红色的小甜饼。

要不就是我妈妈又把球鞋买错了。她有时候会带我出门玩，这当然是很贴心的了，但我们去的地方真的非常幼稚！最近的一次是去海洋球池，可我已经10岁了啊！我想要做的是更有挑战性的事情，比如密室逃脱之类的。

他们的用意很好，却总是做不到点上。面对这种情况我该怎么办呢？如果我什么都不说，我就不必让爸爸失望，可那样的话，他就永远也不会觉悟了（这样我就必须吃掉那些难吃的小甜饼）。而如果我说了，又会让他伤心，觉得自己破坏了他的惊喜。我真的不知道该怎么办才好。

许多许多祝福！
10岁的穆拉特

别人家的孩子是这么说的

维多利亚（8岁）:"你觉得有时候你的行为会让父母伤心，对此我真的认为你好贴心。我有时候也会有这种感觉。"

艾哈迈德（12岁）:"我的父母也老是会忘了我喜欢什么、不喜欢什么。我已经不再跟他们说了，反正说了他们也会忘掉。所以，现在如果我不喜欢吃某样东西，我就会说自己不太饿。"

艾莉泽（10岁）:"你要时不时跟你的父母真生一次气，否则他们永远都不会记得任何事情。其实我还挺喜欢粉红色的小甜饼的。不过我以前并不喜欢带馅的小甜饼，后来我还是吃了几次，而现在我觉得它们确实很好吃。"

* 同理心 *

你好啊，贴心的穆拉特！

同理心意味着你能够共情另一个人的感受。有人哭的时候，你也会觉得有点难过；有人笑的时候，你也会觉得有点开心。这是一种良好的品质。所有人都能做到这一点，但有些人可以比其他人做得更好。显然你就做得非常好，你与你的爸爸共情了。他想用粉红色的小甜饼让你开心，而你则不想破坏他的好心情，所以你并没有说出自己其实不喜欢粉红色的小甜饼。你真的好贴心啊。

不过，偶尔批评爸爸一次也是可以的。尽管这很难，因为父母通常并不能够很好地接受批评。在这方面他们和其他人没有什么区别。这一点你必须考虑到。可以遵循的一条规则是，每提出一项批评，你应该说出大约四句赞美。如果你这样做的话，你的爸爸应该就能够接受了。所以就你的情况，你可以说："爸爸，你带我去看帆船展，真是太好了。而且你很准时，我看你还把车都清理干净了，真棒哦！你还带了好

吃的，真的好棒。唯一的问题是，我不喜欢粉红色的小甜饼。"这些只不过是举个例子而已。

当然了，你必须得赞美那些他做得好的事情。有时候你会很难想到自己可以说些什么赞美的话，因为你的父母似乎从来也没有做好过什么事情。但是，如果你再好好地想一会儿，就会发现他们还是做好过很多事情的——仅仅是你的父亲有车这一个事实就已经很好了，而且他还拿到了驾驶证。

他还租（买）了一套房子让你住在里面，你穿的衣服是他赚钱买来的，食物也是由他赚钱买来的。像这种你爸爸做得相当好的事情还有很多呢，试着让自己多想想那些他做得好的地方吧。因此，尽管乍一看他似乎什么都做

得不好，但实际上可供赞美的话还可以想出来许多呢。

你的爸爸完全是出于一片好意。只要你通过赞美让他意识到，他本身就很好，那么就算你偶尔因为他做错了的事情说他几句，也不是什么大事哦。

衷心地祝福！
斯汀娜和弗朗克

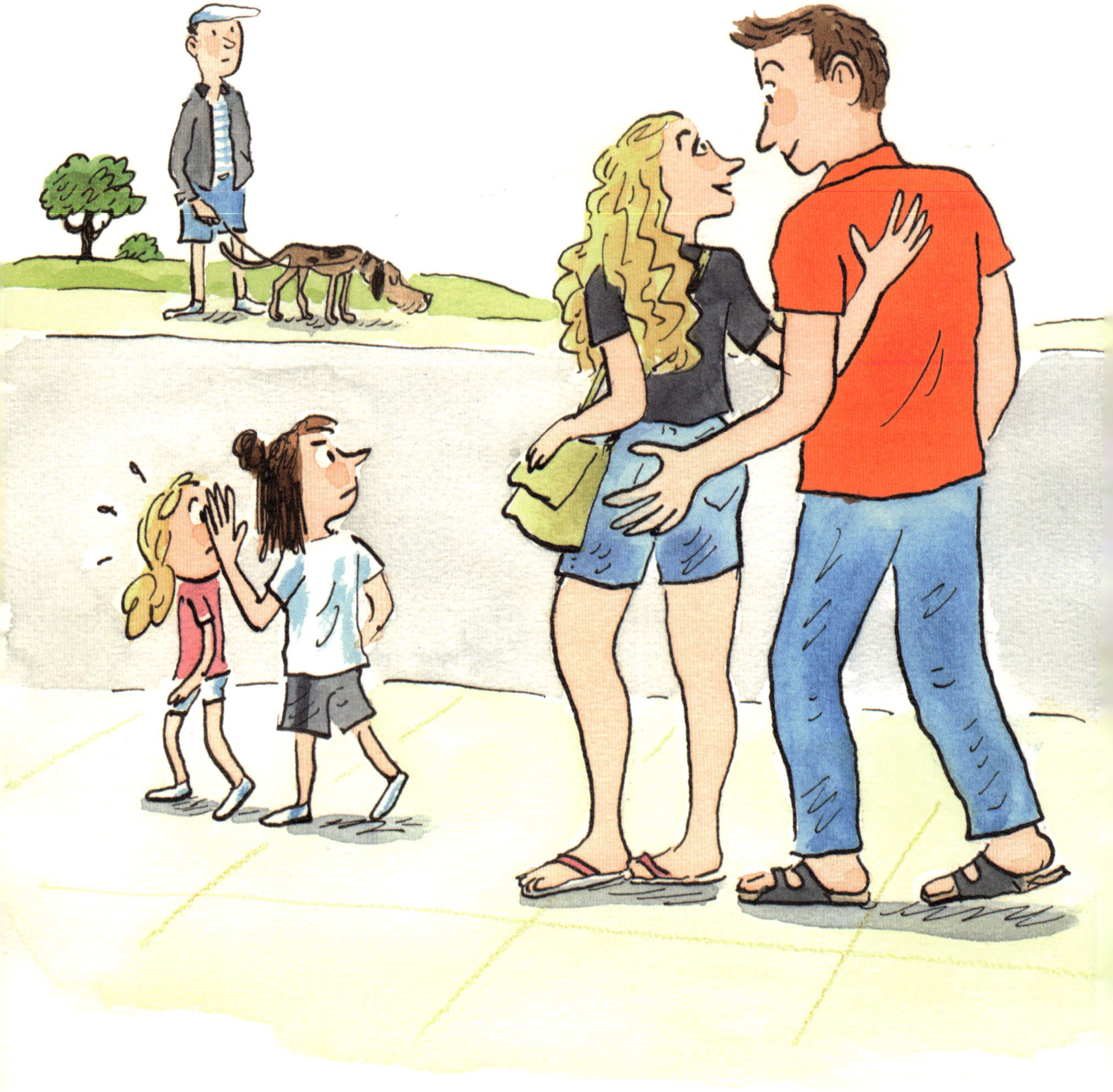

19. "如胶似漆"的父母

父母心理画像：爱意满满，只是忽视了边界

有这样一种父母，他们彼此连一时一刻也分不开。在公共场合，他们走到哪儿都要亲亲抱抱，而且还不是轻轻一吻，而是深吻等。他们还互相爱抚，爸爸的手会贴着妈妈的臀部滑过，甚至还会捏一下，而妈妈则咯咯地笑起来，回给爸爸一个深吻。

你可能会说，爸爸妈妈做什么是他们的事，但你能想象他们当着你朋友的面也一直这样吗？

好吧，有一对彼此相爱的父母，当然要比有一对争吵不休的父母强。不过，面对这些如胶似漆的举动，你该在多大程度上感到高兴呢？

问题

★ 你的父母会不会当着你的面亲吻和拥抱对方？你对此有什么感觉呢？

★ 表现出自己有多爱对方是好事呢，还是有时候也太过了呢？

别人家的孩子是这么说的

杰弗里（11岁）:"如果我的父母对彼此充满爱意，我倒是会很高兴呢！我的父母总是在吵架。"

薇乐曼（12岁）:"我的父母虽然从来不当着我的面亲昵，但他们的卧室和我的卧室离得很近，有时候夜深人静，他们发出的声音也会打扰我休息。我觉得这真的很烦。我不知道应该怎么开口跟他们说。"

✳ 不同的氛围，不同的规则 ✳

有些父母通过这种方式表明他们彼此非常相爱，对于这一点你当然应该感到高兴。顺便说一句，你觉得他们腻歪在一起很尴尬也很正常：大多数孩子都认为那样很尴尬。部分原因是孩子们通常认为身体孔道的任何排泄物都是肮脏的：什么鼻涕啦，大便啦，口水啦，耳屎啦。成长意味着你要学会控制自己的身体：要学会不可以拉在裤子里，不可以在大街上撒尿或随地吐痰。然而，有时候我们还是会在自以为没人看到的情况下做这种事，比如偷偷地挖鼻屎，或者憋不住了跑去树林里撒尿。这和接吻有点一样：交换唾液——也就是接吻——是我们长大后才会觉得喜欢的事情。但实际上，人们这样做还是挺怪的！

在生活中，我们有很多关于应该如何行为的社会规则，这些规则可不是在什么地方都一样的。生活中有不同的氛围，如家庭的氛围、工作的氛围、学校的氛围、体育俱乐部的氛围、朋友聚会的氛围、卧室的氛围等，不胜枚举。在所有这些氛围中，各自适用的规则都会有些许不同，能做以及不能做的事情也不一样。如果天气很好而你置身海滩的氛围中，那么穿着泳衣走来走去就很正常；可如果你穿成这样走在大街上，放在城市的氛围中就颇为疯狂了。

大多数人完全不需要一直想着这些不同的氛围，以及什么样的行为与之相匹配，但他们仍然对此一清二楚。比如说，在家庭氛围中有时候互相轻轻一吻当然一点问题也没有，不过如果吻得过于性感亲密了，我们就会觉得有点疯狂。非常亲密的行为应该发生在卧室里，或者是没有人会看到的地方。如果你的父母在客厅里深吻，或者做些别的什么让你甚至是你的朋友感到不自在的事情，那么说明他们并不太了解处在客厅的氛围中什么能做、什么不能做的规则。如果你自己不怎么介意,那也没什么好担心的;不过如果你觉得这样很烦人,那么关于不同的氛围,以及与之相关的那些不成文的规则,你就应该跟他们解释一下了。

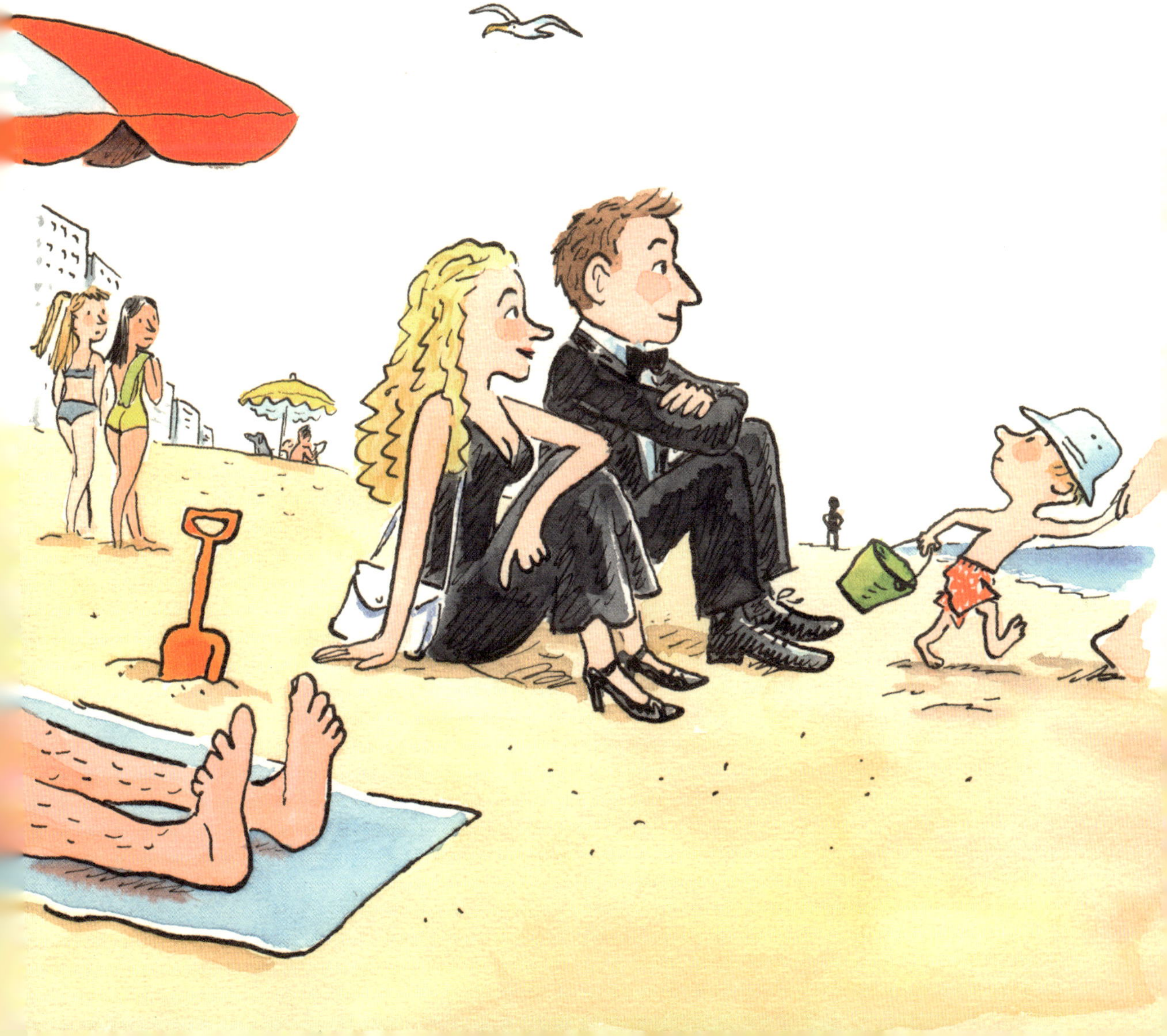

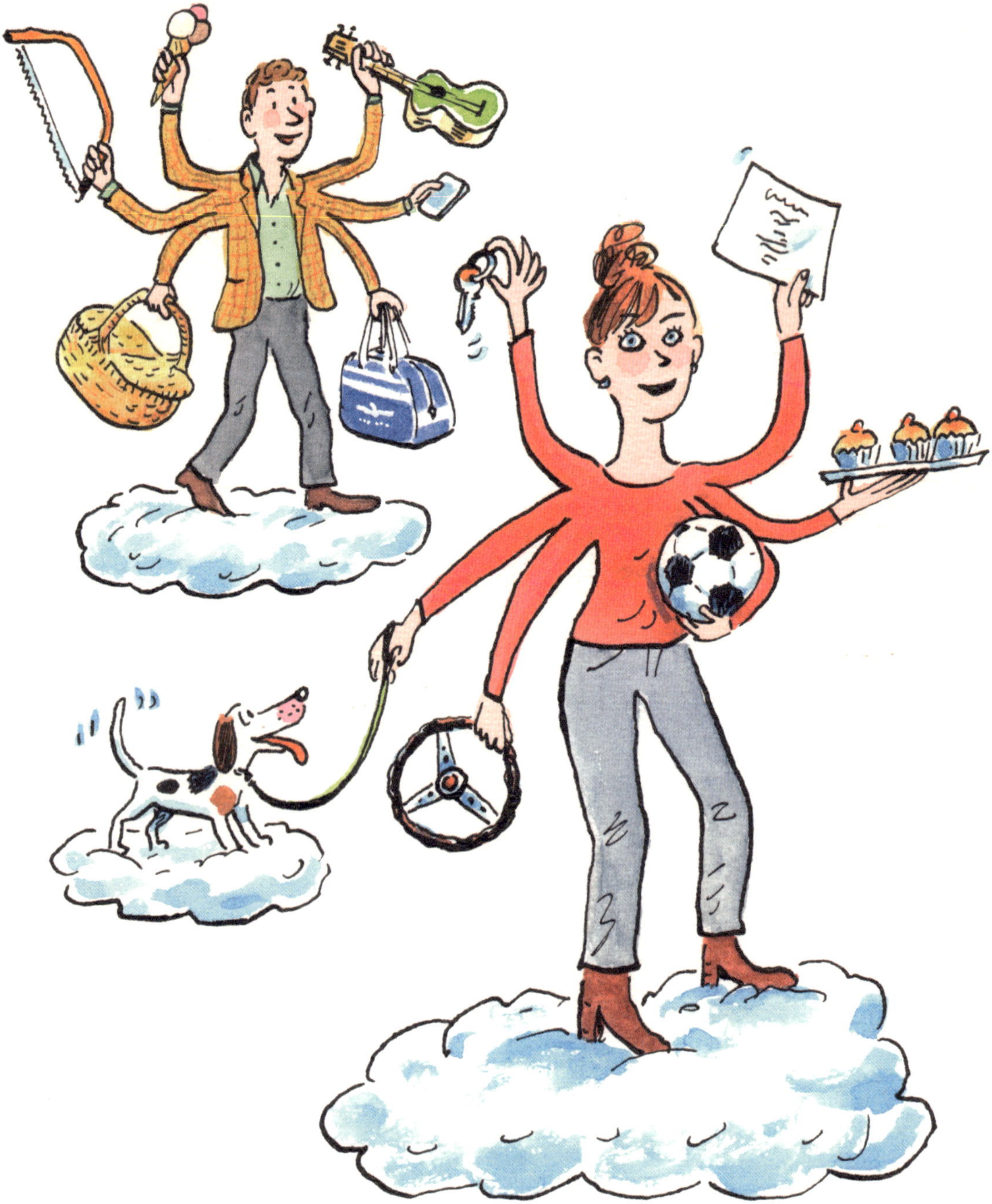

20. "什么都做对了"的父母

父母心理画像：满足所有人，唯独忘了自己

好了，现在我们已经见识过很多糟糕的父母了：玩手机的父母，把家里弄得乱糟糟的父母，等等。然而，这里面可能还不包括你的父母。如果是这样的话，那么他们就有可能是完美的父母——就是那些真正的、什么都做对了的父母。比如说，他们很出名，因为他们是电视节目主持人，或者他们弹得一手好钢琴、拥有一身好球技。与此同时，他们对每个人都很好，总是无所不知，投身志愿工作，很晚了还在辅导你做家庭作业。

简而言之，他们对你总是有求必应，即便自己手上的事情已经足够让他们忙活了。你可能会认为这种完美家长什么"教导"都不需要了，但这种情况其实是很危险的！

问题

★ 你的父母有时候会犯错吗？
★ 你觉得拥有完美的父母好吗，还是挺讨厌的？
★ 真的有完美的人吗？

别人家的孩子是这么说的

阿韩（12岁）："我的父母并不完美，不过我哥哥却是那种完美的人。他什么事都能做得比我好，这真的很让人恼火。"

苏珊娜（11岁）："我的妈妈几乎一直都很完美。她工作非常努力，而且只要我们一开口，她就会来帮助我们。她总是很温柔，不过有的时候她也会莫名发怒，然后她就会有一段时间不那么完美了。"

✳ 人不是神 ✳

没有人是完美的，毕竟人不是神。人类可以做到很多事情，然而我们做不到的事情更多（比如飞翔、一秒钟就到达世界的另一端、举起一栋公寓楼等，数不胜数）。我们也拥有相当多的知识，而这些知识也许还会因为科学的发展而增加，但是，我们不知道的事情更多（宇宙的边界在哪里、为什么我们身处在地球、太空中有多少颗星星等）。尽管人类的寿命比以前要长得多，但我们最终仍然会死亡。所以，人真的不是神。

然而，努力争取接近神却是人类的目标。我们能做的事情是有限的，但我们可以尝试突破这些限制。例如运动员们不停地训练，并不仅仅想要提高自己的竞技水平，还想打破世界纪录。或者来看看那些发明新东西的科学家吧，例如他们发明了飞机，而坐飞机也是一种飞翔。我们虽然不能在一秒钟之内就到达世界的另一端，却可以通过网络与身处世界另一端的人交谈。所以，如果我们付出自己最大的努力，就会越来越接近神。

不过，我们的解决方案和发明创造通常并不完美，只要想想飞机就知道了。飞机会排放出各种有害物质，对地球及其上面生活的生物（比如人类）都很不利。发明飞机的人事先并没有想到这一点，这是因为人类并不是对什么都无所不知。当我们思考解决某件事情时，可能会出现我们没能预见的后果。

因此，虽然我们努力追求完美，但同时也要意识到，我们也只是会犯错的凡人，并非无所不知。其实认识到这一点也挺好的，因为总是追求完美，不但压力很大，而且在某件事情不成功的时候会让人很有挫败感。

如果你就有那种完美父母的话，那么你必须意识到他们并不完美，因为他们也是人。他们可能希望自己是完美的，于是便尽心竭力地想让自己看起来完美无缺。这对你来说也许很不错，但对你的父母来说是很累的。他们必须为之付出努力，而且会时不时因为某些事情的失败而遭到挫折。最好的办法是和他们一起谈谈。

父母在表达自己的感受时常常会难以启齿。不过，假如你只是在吃饭的时候提一下自己的事，说说你是如何试图完美地做好某件事却没能成功，你就有机会让他们也跟你聊聊他们自己以及他们所受的挫折。这对于他们来说可是件好事。你必须意识到，大多数的父母都非常想要成为完美的父母，正因如此，他们反而可能会犯很多错误。常常与他们谈谈在教养方面遇到的问题吧，这对于他们处理自己的挫败感会很有帮助的哦。

开始动手干吧!

在这本书的开头,你已圈出爸爸妈妈在教养孩子过程中存在的问题。之后,你又读到了如何解决这些问题的一些方法。现在轮到你和爸爸妈妈动手开干了!为了鼓励你的爸爸妈妈,我们在这里为他们准备了一个漂亮的证书。去复印一份或者照着画一张吧。

你的爸爸妈妈是否很好地改善了他们的行为呢?这一点由你来评判。如果是的话,就在这张证书的最上方写下你的爸爸或者妈妈的名字,再写下得以解决的教养问题的内容吧。在证书最下方签上自己的名字,最后把它郑重地交给爸爸或妈妈。如果你父母的教养问题不止一个(又或者有教养问题的并不只是父母中的一方),那么你当然也可以频繁地使用这张证书啦。

祝你好运多多哦!
斯汀娜和弗朗克

教养证书

家长姓名：..............................

通过了 .... 教养课程

子女签名：..............................

斯汀娜·彦森 著

荷兰女哲学家、文学理论家和畅销童书作家。她曾在荷兰格罗宁根大学学习哲学和文学理论，获马斯特里赫特大学哲学博士学位。她作为童书作家和电视节目嘉宾而闻名。她创作的童书《我真的挺好的：关于情绪所能感受的一切》、《哲学家与孩子谈幸福》、《亲爱的斯坦恩，你知道吗？》（*Lieve Stine, weet jij het?*）获得了多个奖项，并登上了荷兰童书的畅销书排行榜，不少作品已引进中国、日本和波兰等国家。

弗朗克·梅斯特 著

荷兰哲学家、作家。曾为荷兰乐队成员，现常为荷兰《人民报》（de Volkskrant）和《忠诚报》（Trouw）撰稿。

雨果·范娄克 绘

荷兰画家，自幼喜欢画画，他是《小狼人多弗》（Dolfje Weerwolfje）、《惊吓巴士》（De Griezelbus）、《史坦和九名大盗》（Stan en de negen rovers）等多部童书的插画师。

李静 译

荷兰蒂尔堡大学法学博士 (2015)，荷兰文学基金会 (Nederlands Letterenfonds) 及比利时佛兰德斯文学基金会 (Literatuur Vlaanderen) 认证的荷兰语译者。

图书在版编目（CIP）数据

真希望你不是这样的父母：孩子们写给家长的教养课 /（荷）斯汀娜·彦森，（荷）弗朗克·梅斯特著；（荷）雨果·范娄克绘；李静译. -- 北京：北京日报出版社，2024.12
ISBN 978-7-5477-4567-0

Ⅰ. ①真… Ⅱ. ①斯… ②弗… ③雨… ④李… Ⅲ. ①家庭教育 Ⅳ. ①G78

中国国家版本馆CIP数据核字(2024)第096464号

北京版权保护中心外国图书合同登记号：01-2024-2375

Hoe voed ik mijn ouders op?
ⓒ Text: Stine Jensen and Frank Meester, ⓒ Illustrations: Hugo van Look.
First published in 2019 by Uitgeverij Kluitman Alkmaar BV, The Netherlands.

真希望你不是这样的父母：孩子们写给家长的教养课

出版发行	北京日报出版社
地　　址	北京市东城区东单三条8-16号东方广场东配楼四层
邮　　编	100005
电　　话	发行部：(010) 65255876
	总编室：(010) 65252135
印　　刷	万卷书坊印刷（天津）有限公司
经　　销	各地新华书店
版　　次	2024年12月第1版
	2024年12月第1次印刷
开　　本	889毫米×1194毫米　1/16
印　　张	8
字　　数	108千字
定　　价	88.00元

版权所有，侵权必究，未经许可，不得转载